CRONO A2

Manual de preparación del DELE

Cuaderno de claves

Esther Domínguez Marín
Carlos Salvador García
Miguel Sauras Rodríguez-Olleros
Iñaki Tarrés Chamorro

DELE A2: Diploma de español necesario para obtener la nacionalidad española.

© Editorial Edinumen, 2020
© Autores de este manual:
Esther Domínguez Marín, Carlos Salvador García,
Miguel Sauras Rodríguez-Olleros, Iñaki Tarrés Chamorro.
Coordinador: Iñaki Tarrés Chamorro

ISBN: 978-84-9179-449-3
Depósito Legal: M-14947-2020
Impreso en España
0920

Edición:
Carlos Oliva

Maquetación:
Susana Fernández y Sara Serrano

Fotografías:
Iñaki Tarrés Chamorro

Diseño de portada:
Susana Fernández

Impresión:
Gráficas Glodami. Coslada (Madrid)

Editorial Edinumen
José Celestino Mutis, 4. 28028 - Madrid
Teléfono: 91 308 51 42
e-mail: edinumen@edinumen.es
www.edinumen.es

Índice

La preparación del DELE A2 con *Crono A2*

El **DELE** es el **D**iploma de **E**spañol como **L**engua **E**xtranjera que certifica tu nivel A2 de español. Lo entrega el Instituto Cervantes en nombre del Ministerio de Educación de España. Es el nivel necesario para obtener la nacionalidad española.

https://examenes.cervantes.es

Crono es un manual creado por profesores del Instituto Cervantes que son examinadores oficiales del DELE. El objetivo es preparar el examen de una manera **eficaz** y en **poco tiempo**. En el ***Cuaderno de claves*** tienes para cada modelo de examen:

- las soluciones de las actividades de preparación de cada prueba;
- las soluciones comentadas de las pruebas 1 y 2 (comprensión);
- tablas para descubrir y mejorar tus habilidades de examen;
- ejemplos de textos de la prueba 3 (Expresión e interacción escritas);
- tablas para evaluar las pruebas 3 y 4, de producción;
- comentarios y consejos para mejorar los resultados.

Los modelos de examen están hechos exactamente como el modelo de examen de muestra del **Instituto Cervantes**.

Crono A2 te ofrece modelos para practicar las tareas y actividades para desarrollar tus **habilidades de examen**. Además, trabaja la parte emocional del examen. En un examen, el candidato siente que pierde el control de la situación. A través de la medición del tiempo de cada tarea y del análisis de las pruebas, puedes aumentar tu **sensación de control.** Al final de cada prueba tienes esta pregunta:

Marca en esta línea qué **sensación de control** tienes de esta prueba.

Mínimo control 1 ☐ 2 ☐ 3 ☐ 4 ☐ 5 ☐ 6 ☐ 7 ☐ 8 ☐ 9 ☐ 10 ☐ **Máximo control**

¿Cómo explicas esos resultados? ¿Cómo puedes mejorar? Escribe tu comentario, en español o en tu lengua.

....

....

....

Puedes escribir frases como: "Conocía el tema", "Estaba cansado", "Era un tema nuevo", "No he entendido bien a las personas de los audios", etc. Esas frases te muestran qué sabes hacer ya y qué necesitas trabajar todavía. De esa forma, puedes organizar mejor el tiempo que tienes para preparar el examen.

Recuerda nuestro consejo:

Planea con cuidado tu preparación.

Claves

Modelo de examen n.º 1

Gestión del examen: Prueba n.º 1

Tarea previa

1. 1. 60 minutos.
   2. Cuatro tareas.
   3. No. Es muy importante conocer los tipos de texto de cada tarea. Lo trabajamos en el modelo de examen n.º 3.
   4. No. Solo hay textos. Sí te puede ayudar un poco el tipo de letra, el tamaño, los títulos, etc.
   5. No. Es muy importante conocer cada tipo de tarea. Lo trabajamos en el modelo de examen n.º 4.
   6. No. El examen no se construye como un libro de español, por eso es tan importante preparar el examen.
   7. No. El examen tiene dos documentos: uno con los textos y las preguntas, y otro para anotar las respuestas. Este segundo documento se llama Hoja de respuestas y tiene tu nombre. En el libro cuentas con una muestra que puedes fotocopiar.
   8. No. En general los textos están adaptados al nivel A2. A veces aparece la fuente, como en la tarea n.º 4.
   9. No. Puedes organizar la prueba como tú quieras. Para eso es importante anotar el tiempo que necesitas en cada tarea.
   10. No. La combinación de tres elementos determina cuánto tiempo necesitas en cada tarea:
       - el tipo de texto
       - el tipo de tarea
       - el número de preguntas

Claves de la prueba n.º 1

En ***Crono A2***, los textos y tareas pueden ser un poco más difíciles que en el examen real del **DELE**, pero siempre dentro de los límites de gramática y vocabulario establecidos por el **Instituto Cervantes** para el nivel A2. El objetivo de esta diferencia es asegurar que apruebes el examen.

Además de las claves, tienes un comentario que te explica por qué no son correctas las otras opciones.

Tarea 1		
	1. B	*... Lo que pasa es que no he encontrado un alojamiento cercano y barato...* Opción A: aunque recuerda un viaje que Esther y su novio hicieron a Japón, el objetivo de la carta no es ese. Tampoco es correcta la opción C porque habla de la información que Aki dará en su trabajo, pero no pide ninguna en el correo.
	2. B	*... soy hermana de Sayano ... Estuvisteis tú y tu novio hace un tiempo alojados en casa cuando yo no estaba...* La opción A no es correcta porque aquí dice al principio: "no nos conocemos"; por la misma razón, tampoco puede ser correcta la opción C.
	3. A	*... el mes de octubre, quizá un poco más, ya veremos. Tengo un contrato de un mes en una agencia de turismo...* La opción B no es correcta porque el texto dice que Esther estuvo en Japón "hace tiempo" y tampoco la opción C porque ya tiene el contrato. El fragmento dice: "tengo un contrato de un mes".
	4. C	*... jueves 25 de septiembre. Para los primeros días ya tengo habitación en una pensión...* Opción A: Aki propone tomar un café juntos, pero no especifica el día. Tampoco es correcta la opción B porque Aki ya ha encontrado una pensión.
	5. C	*Mi móvil se rompió el otro día y ya no tengo...* La opción A no es correcta porque Aki dice que aún no tiene conexión, pero sí ordenador. La opción C tampoco es correcta porque no se habla nunca del móvil de Esther.

Tarea 2	**6. B**	*Curso a distancia personalizado con acceso a internet.* La opción A no es correcta, porque el anuncio no habla de los profesores. La C tampoco porque el curso no es para expertos en energía, sino para hacerse expertos.
	7. B	*¿Quieres armonizar tu cuerpo-mente?* La opción A no es correcta porque el anuncio dice que es una técnica antigua. La opción C es incorrecta porque no la practican actores de todo el mundo, sino de la India.
	8. C	*AIPA Centro de Información - Teléf./Fax 902 678 222* Opción A: AIPA no ofrece consejos prácticos para informarse, sino sobre los cursos y exámenes, y opción B, tampoco ofrece un correo electrónico para informarse, solo un número de teléfono.
	9. B	*Niños y niñas de 7 a 12 años.* Opción A: no es necesario saber dibujar cómics, solo tener entre 7 y 16 años. Tampoco hay que ser venezolano, sino que el curso es en Venezuela, opción C.
	10. A	*...ven a visitar el museo...* Opción A: el anuncio no dice si la visita es gratis o no. Opción C: la invitación es para niños de 7 a 12 años, pero solo hay una sorpresa si encuentras todas las respuestas
	11. B	*Se necesitan: DIRECTORES, COORDINADORES Y MONITORES...* Opción A: son los interesados, no Ecfocamp, quienes deben contactar con María Vicario. Opción C: Ecfocamp ofrece contrato laboral, no lo necesita.
	12. C	*... CORTE DEL SUMINISTRO DE AGUA POTABLE...* La opción A no es correcta porque las reformas en la calle son la causa del corte, no del aviso. También es incorrecta la B porque no va a haber agua, potable o no.
	13. A	*Si tienes experiencia...* Opción A: no hay que enviar un mensaje con información personal, sino para pedir cita. Opción C: no se especifica el puesto, solo que es de cara al público.

Tarea 3	**14. B**	*... me pareció un país aburrido.* Julián y Merche no hablan de malas impresiones. Julián solo dice que, al principio, no tuvo suerte.
	15. C	*Mi amigo Juan ... me ayudó con el apartamento...* Julián no habla del alojamiento y a Laura le alquiló su habitación una amiga.
	16. B	*... en el viaje conocí a una alemana de Berlín que habla español y que me habló muy bien de su ciudad.* Julián se fue porque quería viajar y Merche viajó a Suiza por primera vez para asistir a un congreso.
	17. C	*Conocí algunas empresas pequeñas que me ofrecieron trabajo...*
	18. A	*... abrimos un restaurante de comida española.* Laura trabaja de profesora y a Merche la contrató una empresa.
	19. A	*... México. Aquí conocí a la que ahora es mi mujer...* Laura no habla de ninguna pareja y Merche dice que se hizo novia de su amigo Juan, pero ya lo conocía de antes.

Tarea 4	**20. C**	*Mis compañeras de clase me convencieron para apuntarme.* La opción A no es correcta porque no dice que trabajaba antes y tampoco la B porque no fueron unos familiares, sino sus compañeras de clase, quienes la convencieron.
	21. B	*Recogimos los uniformes...* Opción A: no dice en qué momento se pagaba el salario. Opción C: se pagaba menos de 8 € la hora, 7.19 € exactamente.
	22. C	*... nos llamaban por grupos para darnos nuestra función.* La opción A no es correcta porque el uniforme se lo dieron, no tuvo que pagarlo. Tampoco es correcta la C porque dice: "nos dieron muy poca información".
	23. A	*La verdad es que los jefes de grupo fueron siempre muy amables con nosotras.* Opción B: no dice que trabajó con sus compañeras, solo lo que le tocó hacer a ella. Opción C: dice que a algunas de sus compañeras las trataron mal, no a ella.
	24. B	*Los tiempos de descanso eran pocos y cortos, las jornadas de trabajo demasiado largas.* Opción A: se queja de que no había sillas para sentarse, no de los muebles. Opción C dice que hacía frío, pero no se queja del frío de la ciudad.
	25. A	*... fue una experiencia amarga porque trabajamos en condiciones indignas.* La opción B no es correcta porque ella no trabajó todos los días, se fue antes. La opción C tampoco es correcta porque ella estaba de pie, pero en la entrada, no viendo los partidos.

Control de progreso

La siguiente tabla tiene como objetivo reflexionar sobre cómo has hecho esta prueba del examen para mejorar los resultados en el próximo modelo de examen y **prepararte así mejor en menos tiempo**. También es importante completarla para poder luego **comparar** los resultados con otros modelos.

Prueba n.º 1

¿Cómo ha ido esta prueba de examen?	Tarea 1	Tarea 2	Tarea 3	Tarea 4
1. Tiempo de cada tarea.				
2. Resultados correctos.				
3. No estoy acostumbrado/a a este tipo de textos.				
4. No estoy acostumbrado/a a este tipo de tareas.				
5. He tenido problemas con el vocabulario.				
6. No conocía el tema de los textos.				
7. No he localizado fácilmente la información en el texto.				
8. La gramática de los textos era difícil.				
9. He perdido mucho tiempo releyendo.				
10. Dificultad general de la tarea (de 1 a 5).				
11. Nivel de estrés de la prueba (alto/medio/medio bajo/bajo)	....			

Marca en esta línea qué **sensación de control** tienes de esta prueba.

Mínimo control 1☐ 2☐ 3☐ 4☐ 5☐ 6☐ 7☐ 8☐ 9☐ 10☐ **Máximo control**

¿Cómo explicas esos resultados? ¿Cómo puedes mejorar? Escribe tu comentario, en español o en tu lengua.

....

....

....

Al final del modelo de examen tienes la sección de **vocabulario**. Antes de pasar a la siguiente prueba, anota cómo se dicen las palabras de esta prueba **en tu lengua**.

Con EXTENSIÓN DIGITAL En el espacio virtual de ***Crono A2***, tienes actividades para mejorar tus resultados en esta prueba. https:\\eleteca.edinumen.es

Gestión del examen: Prueba n.º 2

Tarea previa

1. **1.** 40 minutos.
   2. 4 tareas.
   3. Sí. Es uno de los aspectos más importantes de esta prueba.
   4. Sí. Solo en la tarea 1.
   5. Sí. Es el otro aspecto principal de la prueba.
   6. No. Como en la prueba 1, hay que anotar las respuestas en la Hoja de respuestas.
   7. No. Hay muchos tipos de textos auditivos. Cada tarea tiene un tipo diferente.
   8. Sí.
   9. No. Puedo cambiar el orden porque todos los candidatos de la sala escuchan los audios al mismo tiempo.

Claves de la prueba n.º 2

Además de las claves, tienes un comentario que te explica por qué no son correctas las otras opciones.

Tarea	Clave	Comentario
Tarea 1	1. C	*- No, no, no vengo por mí. Es mi padre, ya está mayor y tiene fuertes dolores en los pies y no puede caminar.* La opción A no es correcta porque ella va por su padre y la B porque es el hijo, que puede acompañar al abuelo.
	2. A	*- En esta sección no tenemos, pero vendemos estos cinturones nuevos que acaban de llegar.* *- A ver. Ah, pues son muy bonitos, muy alegres. Este está muy bien.* *- ¿Verdad que sí?* *- Pues sí, así que me lo voy a llevar, y si no le queda bien, ya vendrá ella a cambiarlo.* Opción B, no es correcta porque, hablando de gorras, dice: "en esta sección no tenemos". Opción C, el hombre busca una cartera, pero cambia de idea y decide comprar algo diferente.
	3. B	*- Puedes ir en metro hasta la estación San Luis, y luego caminar unos diez minutos.* Opción A, no es correcta porque dice que es peligroso de noche. Opción C, incorrecta porque dice: "coger un taxi me sale muy caro".
	4. C	*- Sí, mire, es que no encuentro los libros de anatomía. Antes estaban aquí, en esta estantería.* La opción A no es correcta porque no hablan de literatura de ningún tipo. La B tampoco porque, en principio, el cliente busca libros de medicina, aunque luego pregunta por las guías.
	5. B	*- ¡Aceitunas! Con lo que me gustan.* Opción A, dice que la próxima vez pedirá ensalada, pero porque le gustan mucho las aceitunas. Opción C, dice que nada de carne o pescado, todo fresco.
	6. B	*- Hola, Eduardo. No, no, he venido a ver a una amiga, ahora trabajo en un hospital.* Las opciones A y C no son correctas porque muestran los trabajos que tuvo antes: en un banco y en una fábrica.
Tarea 2	7. B	*... concurse y gane dos entradas para dos personas.* La opción A no es correcta porque se habla del equipo de baloncesto Ciudad de Melilla, no de la ciudad. La opción C también es incorrecta porque se puede ganar un sorteo, pero no un premio.
	8. A	*... todo tipo de uniformes para uso profesional:* La opción B: no es correcta porque no se trata de una escuela, sino de una tienda, y, aunque también venden zapatos, no se trata de una zapatería, opción C, porque venden todo tipo de ropa profesional.
	9. A	*Venta exclusiva por internet o llamando al 902 12 12 12.* Opción B, solo se vende por internet o llamando por teléfono. Opción C, el anuncio dice que tienes un mes gratis de conexión si la compras, no que se puede comprar solo durante el primer mes.
	10. A	*Escuela de cocina ... El plazo de inscripción ya está abierto ... Si está interesado, pase por la secretaría.* Las opciones B y C no son correctas porque el anuncio no habla de libros y tampoco de restaurantes.
	11. B	*... este fin de semana se van a cerrar las instalaciones.* Opción A. las instalaciones se van a cerrar solo el fin de semana. Opción C el anuncio dice que el cierre no afectará al equipo de baloncesto.
	12. C	*... compartir tus conocimientos y experiencias en el aprendizaje de idiomas.* La opción A no es correcta porque no habla de viajes, sino de clases, y la C tampoco porque se habla de sorpresas, pero no de regalos.
Tarea 3	13. A	Eduardo: *Mira, todavía estoy buscando piso.* Sabina le pregunta, pero ella no habla de cambiar de casa.
	14. C	Eduardo: *Bien, bien... La casa tiene un jardín precioso... Estaba muy bien también.* Eduardo comenta que la casa tiene jardín, pero Sabina no le recomienda nada.
	15. B	Sabina: *Y entonces... ¿no prefieres buscar un poco más?* Aunque Eduardo ha visto algunos sitios que le gustan, Sabina le sugiere que quizá es mejor seguir buscando.
	16. A	Eduardo: *No, no... Le he dicho al agente que me quedo con el apartamento pequeño.* Eduardo no seguirá buscando porque ya ha decidido.
	17. B	Sabina: *Mira, Eduardo,... Yo, por ejemplo, vivo en una calle del centro con demasiados coches. Y odio el ruido.* Eduardo no se puede quejar porque todavía no vive en la nueva casa.
	18. A	Eduardo: *Ya sí... Perdona, ¿qué hora es? Es que voy a ir esta noche a un concierto con un amigo...* Sabina, en cambio, ha quedado con sus padres para cenar.

Tarea 4		
	19. B	*Mañana va a ir un técnico a las nueve de la mañana para ayudarle.* El mensaje 1 es el único que habla de un cliente que recibirá una visita, la de un técnico.
	20. H	*... ha aparecido un niño ... Por favor, los padres o tutores deben pasar por información.* Aunque en el mensaje 3 se habla de relaciones familiares *(mi tío)*, solo en el mensaje 2 se habla de padres.
	21. A	*... no voy a poder ir contigo al cine.* En ningún otro mensaje se hace referencia a nada relacionado con una película, solo en el 3 se habla de ir al cine.
	22. J	*Este tren tiene un bar en el primer vagón. El bar está abierto.* El mensaje 4 es el único donde se habla de viajes.
	23. G	*... abre sus puertas Jamonería Degustación.* El mensaje 5 dice que, en un centro comercial, abre sus puertas... Ningún otro mensaje habla de tiendas.
	24. D	*Estoy preparando la clase de mañana y me falta una actividad para trabajar el vocabulario de viajes, ¿puedes ayudarme?* El mensaje 6 es el único que habla de clases.
	25. I	*... va a seguir el calor en nuestra región. El servicio de meteorología de Cataluña prevé temperaturas similares...* Solo en el mensaje 7 se habla de previsiones, las que hace el hombre del tiempo.

Control de progreso

Como en la prueba 1, aquí tienes una tabla que te ayuda a analizar cómo has hecho esta prueba del examen para mejorar los resultados en el próximo modelo de examen y **prepararte así mejor en menos tiempo**. También es importante completarla para poder **comparar** más tarde los resultados con otros modelos de examen.

Prueba n.º 2

¿Cómo ha ido esta prueba de examen?	Tarea 1	Tarea 2	Tarea 3	Tarea 4
1. Resultados correctos.				
2. No estoy acostumbrado/a a este tipo de textos.				
3. No estoy acostumbrado/a a este tipo de tareas.				
4. He tenido problemas con el vocabulario.				
5. El tema de los audios era difícil.				
6. No he reconocido la información en el texto.				
7. La gramática de los audios era difícil.				
8. He perdido el hilo de los diálogos y anuncios.				
9. Dificultad general de la tarea (de 1 a 5).				
10. Nivel de estrés de la prueba (alto/medio/medio bajo/bajo)	....			

Marca en esta línea qué **sensación de control** tienes de esta prueba.

Mínimo control ← 1☐ 2☐ 3☐ 4☐ 5☐ 6☐ 7☐ 8☐ 9☐ 10☐ → **Máximo control**

¿Cómo explicas esos resultados? ¿Cómo puedes mejorar? Escribe tu comentario, en español o en tu lengua.

....

....

....

Al final del modelo de examen tienes la sección de **vocabulario**. Antes de pasar a la siguiente prueba, anota cómo se dicen las palabras de esta prueba en tu lengua.

Con EXTENSIÓN DIGITAL **Actividades propuestas.** En el espacio virtual de ***Crono A2***, tienes actividades para mejorar tus resultados en esta prueba. https:\\eleteca.edinumen.es

Gestión del examen: Prueba n.º 3

Tarea previa

1. 1. 45 minutos. Puedes organizar el tiempo como tú quieras.
   2. Dos textos. En la tarea 2 puedes elegir entre dos opciones.
   3. No. En cada tarea hay tipos de textos diferentes. En el modelo n.º 3 trabajamos los tipos de texto.
   4. No. Es importante respetar esta parte de las instrucciones.
   5. Sí, en la tarea 1 hay un texto. En tu texto tienes que hacer referencia a ese texto.
   6. Sí. Solo en una de las opciones de la tarea 2. La información que dan las imágenes debe estar en el texto.
   7. No. Ni puedes tener ningún dispositivo electrónico durante el examen.
   8. No. Es muy importante seguir las instrucciones y las pautas. En el modelo n.º 4 trabajamos las instrucciones.
   9. No. Hay cuatro aspectos importantes: la gramática, el sentido, la estructura y el vocabulario. En los modelos n.º 5 y 6 trabajamos la corrección de textos.
   10. No. En general los libros de texto tienen tareas escritas diferentes a las del DELE. Por eso es tan importante preparar el examen.

Claves de la prueba n.º 3

Atención, estos textos son solo propuestas. Hay muchas opciones correctas.

Tarea 1

Hola, Rebeca:

Me alegra mucho tu mensaje. El grupo Maná me gusta mucho, los vi una vez en el estadio de fútbol, tengo sus discos. Me encantan las letras de sus canciones. La semana que viene tengo mucho tiempo libre y ningún plan especial. Por eso, te agradezco la invitación y la acepto. No tienes que comprar tú la entrada.

¿Dónde habéis quedado? El concierto es el viernes y ese día yo trabajo hasta las cinco. ¿Me das el teléfono de Clara? Hace tiempo que no nos vemos.

Saludos,

Pedro

78 palabras

Tarea 2, opción 1

En las bodas de mi país hay siempre un banquete con muchos invitados y mucha comida. Hay bailes típicos y un grupo de música que toca. Solo he estado en una boda, la boda de mi hermano, el año pasado, en la capital. Se casó con una chica de su trabajo. Fueron casi cincuenta invitados. Les regalaron muchos muebles para la casa nueva. El banquete tuvo lugar en la playa de un hotel famoso. Lo pasé muy bien.

78 palabras

Tarea 2, opción 2

Vicente es un hombre joven y guapo, además de optimista y abierto. Va a la piscina a nadar dos veces a la semana y nos conocimos en la piscina. Antes teníamos mucho tiempo libre, pero desde que terminó los estudios en 1994 y en 2002 encontró trabajo en una empresa de Barcelona, no nos vemos tanto. En 2000 conoció a Federica Luppi, una italiana que trabajaba también allí. Se casaron en 2004 en Roma y tuvieron su primer hijo, Juanito, en 2009.

82 palabras

Control de progreso

La siguiente tabla tiene como objetivo reflexionar sobre cómo has hecho esta prueba del examen para mejorar los resultados en el próximo modelo de examen y **prepararte así mejor en menos tiempo**. También es importante completarla para poder luego **comparar** los resultados con otros modelos de examen.

Prueba n.º 3

¿Cómo ha ido esta prueba de examen?	Tarea 1	Tarea 2
1. Tiempo de cada tarea.		
2. No estoy acostumbrado/a a este tipo de tareas.		
3. Problemas con el vocabulario.		
4. El tema del texto era difícil.		
5. No he tenido muchas ideas para escribir.		
6. La gramática de los textos era difícil.		
7. He perdido mucho tiempo reescribiendo.		
8. Dificultad general de la tarea (de 1 a 5).		
9. Nivel de estrés de la prueba (alto/medio/medio bajo/bajo)	....	

Marca en esta línea qué **sensación de control** tienes de esta prueba.

Mínimo control 1☐ 2☐ 3☐ 4☐ 5☐ 6☐ 7☐ 8☐ 9☐ 10☐ **Máximo control**

¿Cómo explicas esos resultados? ¿Cómo puedes mejorar? Escribe tu comentario, en español o en tu lengua.

....

....

....

Con EXTENSIÓN DIGITAL **Actividades propuestas.** En el espacio virtual de ***Crono A2***, tienes actividades para mejorar tus resultados en esta prueba. https:\\eleteca.edinumen.es

Las actividades te explican **cómo escribir los textos**. Tienen una presentación gráfica que ayuda a entender la relación entre las pautas y los textos de examen.

Estas actividades están basadas en el modelo de examen que ofrece el **Instituto Cervantes**: https://cervantes.es

Gestión del examen: Prueba n.º 4

Tarea previa

1. **1.** En total son 24 minutos. 12 minutos de preparación en una sala, y 12 minutos de entrevista en otra sala.
   2. 3 tareas. Las preparas todas.
   3. Sí. 12 minutos.
   4. No.
   5. Sí. Hablas con un entrevistador.
   6. Sí. En la sala hay una persona, el evaluador, que no habla contigo. Observa la imagen de la página n.º 60.
   7. Sí. En la tarea 1 te proponen dos temas y tienes que elegir uno.
   8. Sí. La tarea 2 consiste en describir una fotografía.
   9. Sí. Tú decides si quieres hablar de tú o de usted.

10. No. Normalmente vive en el mismo país o en la misma ciudad que tú. No tiene que ser hispanohablante, pero sí tiene que ser profesional de la enseñanza de español como lengua extranjera.

Más información sobre los entrevistadores: https://examenes.cervantes.es/sites/default/files/guia_examen_dele_a2_0..pdf

Control de progreso

Esta prueba no tiene claves. Hay muchas maneras correctas de realizar esta prueba.

El objetivo de la siguiente tabla es analizar cómo has hecho esta prueba del examen para mejorar los resultados en el próximo modelo de examen y **prepararte así mejor en menos tiempo**. También es importante completarla para poder luego **comparar** los resultados con otros modelos de examen.

Escucha tu presentación y tus respuestas y completa con ✕ el siguiente cuadro.

Prueba n.º 4

¿Cómo ha ido esta prueba de examen?	Tarea 1	Tarea 2	Tarea 3
1. En general, se entiende bien lo que quiero decir.			
2. Doy suficiente información para responder a las preguntas.			
3. Mis respuestas demuestran que entiendo las preguntas.			
4. Mis expresiones son sencillas pero suficientes.			
5. Organizo bien las frases y las ideas.			
6. Tengo una pronunciación clara y comprensible.			
7. Hago demasiadas pausas o son demasiado largas.			
8. Uso muchas palabras de mi lengua o de otras lenguas.			
9. Repito demasiadas palabras y expresiones, algunas frases las he aprendido de memoria y las repito.			
10. Dificultad general de la tarea (de 1 a 5).			
11. Nivel de estrés de la prueba (alto/medio/medio bajo/bajo)	....		

Marca en esta línea qué **sensación de control** tienes de esta prueba.

Mínimo control 1 ☐ 2 ☐ 3 ☐ 4 ☐ 5 ☐ 6 ☐ 7 ☐ 8 ☐ 9 ☐ 10 ☐ **Máximo control**

¿Cómo explicas esos resultados? ¿Cómo puedes mejorar? Escribe tu comentario, en español o en tu lengua.

....

....

....

Comentarios

- Es muy importante **entender** bien la situación y las preguntas, y demostrar que las has entendido. Tus reacciones tienen que ser adecuadas, tienes que: dar y pedir información, mostrar acuerdo o desacuerdo, proponer opciones o soluciones, aceptar o rechazar consejos o instrucciones, etc.
- Es necesario tener una **pronunciación** clara y correcta. No importa si tienes acento. Sí es muy importante no cometer errores de pronunciación o mezclar *tú* con *usted*. Esta prueba depende mucho de tu seguridad y de tu capacidad para expresarte. No es bueno llevar las respuestas completamente preparadas. Lo importante es:

  - estar tranquilo, no bloquearse;
  - ser natural y responder con espontaneidad.

- No debes cometer **errores básicos**[1]: conjugación irregular del presente y del pasado, preposiciones, pronombres, *ser/estar*, artículos, estructuras comparativas, concordancia, etc.
- Tu **vocabulario** y tus estructuras gramaticales deben ser suficientes para responder a las preguntas. No es adecuado repetir frases completas que has aprendido de memoria. Es necesario tener suficiente vocabulario para describir las fotos y para responder a las preguntas.
- Las ideas y frases tienen que estar bien **organizadas y relacionadas** con palabras como *y, o, pero, aunque, en primer lugar, en segundo lugar, porque, es que, por eso, cuando, como, por ejemplo, ni, sino, entonces...* y con los pronombres.

[1]**Errores básicos:** son los relacionados con los contenidos del nivel A2 del *Plan Curricular del Instituto Cervantes*. Tienes un resumen en la página 8 de ***Crono A2*** que te sirve de guía de autoevaluación. Tienes un documento más completo en la ELEteca.

Con EXTENSIÓN DIGITAL **Actividades propuestas.** Como se ha dicho, esta prueba no tiene claves. Hay muchas maneras correctas de realizar esta prueba. Para orientarte sobre cómo hacerla en el espacio virtual de ***Crono A2*** tienes:

- ejemplos de diálogos para tener una idea más clara de cómo debes hablar y qué tienes que decir en esta prueba;
- actividades para desarrollar habilidades generales en esta prueba del examen y más comentarios;
- un apéndice gramatical con los contenidos del nivel A2 según el Instituto Cervantes.

Estas actividades tienen una presentación gráfica que ayuda a entender la mecánica del examen y están basadas en el modelo de examen que ofrece el **Instituto Cervantes** en su página web: https:\\cervantes.es.

Modelo de examen n.º 2

Gestión del examen: Prueba n.º 1

Tarea previa

2.

4. C	*le gustaría quedar con todos los amigos antes de irse, para despedirse.*
5. B	*Una de mis tías ha alquilado allí una casa bastante grande el mes de agosto y nos ha dicho a todos los sobrinos que podemos ir una semana.*
8. C	*Cadena de tiendas de camisetas necesita dependientes para varias tiendas de Madrid.*
12. A	*Tenemos cursos de español y actividades deportivas,*
20. B	*He tenido muchos trabajos diferentes. El último fue en un periódico en internet.*

Comentarios

1. Las **palabras clave** son palabras que te permiten seleccionar la opción correcta.
2. Están en el **texto**, pero también en las **opciones**.
3. Es importante **aprender a leer** de una manera especial, porque tienes que **encontrar** rápidamente las palabras clave. Tienes que **leer primero las preguntas** y luego el texto porque, si sabes la preguntas, sabes qué tienes que encontrar.
4. Normalmente es necesario leer los textos dos o tres veces, y eso hace perder tiempo.
5. **Marca** siempre en los textos y en las preguntas **las palabras clave**. El día del examen tienes un cuadernillo donde puedes escribir todo lo que quieras. ¡Aprovéchalo!
6. Es importante **medir y escribir el tiempo** que necesitas en cada tarea. Así, puedes ver si tú lees más rápidamente en cada modelo de examen.

Claves de la prueba n.º 1

Además de las claves, tienes un comentario que te explica por qué no son correctas las otras opciones.

Tarea 1		
	1. A	*me ha dicho Rosa que tú organizas este año la cena de Navidad de la oficina. ¿Es verdad?* No son correctas B ni C porque no pregunta por Rosa, solo comenta algo sobre ella, y tampoco pregunta por la Navidad pasada, aunque la menciona en la conversación.
	2. C	*... fuimos a un sitio muy bueno ... todos volvimos a casa en metro o en autobús.* No es A porque nadie necesitó tomar un taxi y tampoco B porque afirma: "nos divertimos mucho".
	3. B	*¿Puedes buscar un sitio así?* Decir "un sitio así" significa "parecido", es decir: otro sitio, pero similar. Esto explica por qué no son correctas las opciones A y C.
	4. A	*Dice Laura que es mejor ... Yo también creo que es mejor.* La opción B no puede ser porque se habla de dos menús, uno con carne y otro con pescado. Tampoco es C porque dice: "no uno, como el año pasado".
	5. C	*... yo creo que invitarla es una manera de conocerla mejor...* No es la A aunque duda, porque cree que es mejor invitarla; tampoco es B porque conoce poco a la jefa, pero la conoce.

Tarea 2	**6. B**	*... permanecerá abierto un laboratorio de acceso libre.* Las opciones A y B no son correctas porque el anuncio dice: "Los laboratorios de la EP cierran sus puertas en Semana Santa".
	7. C	*A dos minutos caminando de la estación Paralelo.* La opción A no es porque no se habla del precio y tampoco la C porque la habitación con balcón es otra: "hay otra más grande con balcón".
	8. A	*Hacer cambios de tren para el mismo día.* No puede ser B porque la máquina aún no está en Bilbao, "Próximamente en Bilbao", y tampoco C porque no habla de devoluciones.
	9. C	*Me quiero sacar el First Cerificate.* No es A porque ella es trabajadora social y tampoco B porque dice que no puede hacer un curso porque no tiene tiempo.
	10. A	*... necesito unas medicinas especiales.* No es B porque *chocolate* es el color del perro y tampoco C porque dice que su familia lo adoptó en una protectora de animales.
	11. B	*Educación medioambiental* No es A porque solo acepta a niños de 8 a 13 años y tampoco es C porque hay una reunión informativa antes del campamento.
	12. C	*Día 1 de enero, estaremos abiertos en nuestro horario habitual.* La opción A no es correcta porque estará abierto a partir de la 01:00 y tampoco la B porque el local cambia de horario, pero no de dirección.
	13. C	*Mejora la circulación, quema grasa,...* No es A porque se habla de deporte, pero no de material deportivo, y no puede ser B porque no se mencionan deportes de riesgo.

Tarea 3	**14. A**	*Quisimos añadir una excursión que habíamos visto en otro sitio...* Las otras parejas no hablan de ningún tipo de cambio.
	15. C	*Los vehículos, adecuados.* La pareja A no habla de medios de transporte y la pareja B solo menciona un taxi y habla de mala comunicación.
	16. C	*Nos gustó mucho el guía del* tour *... No nos gustó tanto el guía del* tour*...* La pareja A solo tuvo un guía, Damián, y la B no habla de guías.
	17. B	*... un poco viejo, muy lejos del centro y sin buena comunicación.* La parejas A y B dicen: "Los hoteles bien".
	18. B	*... hotel de montaña encantador, decoración exquisita.* Las parejas A y C hablan de algún servicio de los hoteles, pero no de su aspecto, no los describen.
	19. A	*Felicitar también a Damián, el guía, porque tuvo mucha paciencia.* La pareja B no habla de guías y la C dice que uno le gustó y el otro no.

Tarea 4	**20. C**	*La historia de Danone comienza con...* Aunque se dice que al principio se utilizó en medicina, opción A, y se habla del empresario, opción B, la historia que se cuenta es la de la empresa.
	21. C	*Danone lo empezó a vender, pero no como postre, como medicamento.* No es A porque la fundó en 1919 y llegó a Barcelona en 1916; tampoco es la B porque a Marsella se fue después para estudiar.
	22. A	*El hijo pequeño de Isaac, de nombre Daniel, tenía el sobrenombre en catalán de Danon.* Opción A: en los Balcanes a este producto de le llamaba yogur. Opción C, dice que al principio fue un medicamento.
	23. B	*1959 Beatrice Foods compró Dannon...* No es A porque al principio la empresa tenía pérdidas y tampoco es C porque, para estudiar mejor el producto, fue a Francia, no a Estados Unidos.
	24. A	*Ya no era un producto farmacéutico, sino un producto de consumo.* No es B porque las botellas eran de cuarto de litro y tampoco C porque le cambiaron el nombre de Danon a Dannon.
	25. C	*... murió en mayo de 2009 ¡a la edad de 103 años! Eso demuestra las propiedades saludables de su propio producto.* El éxito que tuvo en Europa, opción A, y en todo el mundo, opción B, no se menciona en relación con la calidad del producto.

Control de progreso

La siguiente tabla tiene como objetivo reflexionar sobre cómo has hecho esta prueba del examen para mejorar los resultados en el próximo modelo de examen y para poder luego comparar los resultados con otros modelos.

Prueba n.º 1

¿Cómo ha ido esta prueba de examen?	Tarea 1	Tarea 2	Tarea 3	Tarea 4
1. Tiempo de cada tarea.				
2. Resultados correctos.				
3. No estoy acostumbrado/a a este tipo de textos.				
4. No estoy habituado/a a este tipo de tareas.				
5. He tenido problemas con el vocabulario.				
6. No conocía el tema de los textos.				
7. No he localizado fácilmente la información en el texto.				
8. La gramática de los textos era difícil.				
9. He perdido mucho tiempo releyendo.				
10. Dificultad general de la tarea (de 1 a 5).				
11. Nivel de estrés de la prueba (alto/medio/medio bajo/bajo)	....			

Marca en esta línea qué **sensación de control** tienes de esta prueba.

Mínimo control ← 1 ☐ 2 ☐ 3 ☐ 4 ☐ 5 ☐ 6 ☐ 7 ☐ 8 ☐ 9 ☐ 10 ☐ → **Máximo control**

¿Cómo explicas esos resultados? ¿Cómo puedes mejorar? Escribe tu comentario, en español o en tu lengua.

....

....

....

Como sabes, al final del modelo de examen tienes la sección de vocabulario. Antes de pasar a la siguiente prueba, anota cómo se dicen en tu lengua las palabras de esta que aparecen en el glosario.

Con EXTENSIÓN DIGITAL En el espacio virtual de ***Crono A2***, tienes actividades para desarrollar habilidades generales en esta prueba del modelo de examen n.º 2. https:\\eleteca.edinumen.es

Gestión del examen: Prueba n.º 2

Tarea previa

Comentarios. En esta tarea hemos trabajado solo las palabras clave de las respuestas correctas. La gramática también es importante para identificar las palabras clave, y hay palabras clave también en las preguntas. Este tema lo trabajamos en el modelo de examen n.º 4.

2. Audio 0: 1. El nuevo disco, 2. canciones, 3. ritmos, 4. DVD; Audio 1: 5. concurse, 6. gane dos entradas; Audio 2: 7. uso profesional, **8.** cocinero, 9. bombero, 10. profesión; Audio 3: 11. llamando, 12. 902 12 12 12; Audio 4: 13. escuela de cocina, 14. sus cursos; Audio 5: 15. las instalaciones, 16. de natación, 17. tener lugar, 18. las piscinas, 19. Instituto de Secundaria; Audio 6: 20. compartir, 21. aprendizaje de idiomas, 22. tu idioma favorito.

Claves de la prueba n.° 2

Además de las claves, tienes un comentario que te explica por qué no son correctas las otras opciones.

Tarea 1		
	1. B	*- Pues pregunte también si tienen un secador del pelo, que en la habitación necesitamos dos.* Aunque la clienta dice que el aire acondicionado no funciona, opción C, y está esperando un ventilador, opción A, la petición especial se refiere al secador para el pelo, es especial porque ya tiene uno, pero necesita dos.
	2. B	*- Lo malo es la discoteca del último piso. Ayer se oía la música por todo el hotel.* *- Sí, tienes razón, deberíamos presentar una reclamación, ¿no te parece?* A la mujer le gusta el restaurante pero al hombre no, opción A. De la recepción, opción C, no hablan.
	3. C	*- Vaya, qué problema. Mire, si quiere, mientras buscamos el juguete puede entretenerse con los juegos de ordenador de la sala de espera.* La botella de agua, opción A, es lo que le han dado por error; la opción B es un juguete, lo que ha perdido el hijo de la clienta.
	4. C	*- El baño sí, pero aún no he pasado la aspiradora, el suelo está lleno de papelitos.* *- ¡Es verdad! Ayer hubo una fiesta, me lo ha dicho Ángela esta mañana.* No son las opciones A y B porque el baño ya está limpio y las camas hechas.
	5. A	*- ¿Tiene aire acondicionado? Porque yo no puedo dormir si hace mucho calor.* No es la opción B porque muestra una cabaña, que es donde se alojarán, y tampoco la C, el comedor, que se menciona solo para decir que está más lejos de la cabaña.
	6. C	*- En el bar acabo de estar y allí solo he visto a Andrés y a Laura tomando una cerveza.* La opción A no es porque dice que ya ha mirado en la recepción y no está y la B tampoco porque es ahí donde van ahora a buscar.

Tarea 2		
	7. C	*- Educa a los niños ... nuestro curso Chiquitín de educación infantil y recibe tu título oficial.* Tanto las matemáticas, opción A, como el inglés, opción B, son ejemplos de lo que deben aprender los niños.
	8. A	*Abrigos para niños y niñas, 24.90 euros. Jerséis por solo 15.90 euros. Faldas y pantalones por 20.90 euros.* Las opciones B y C no son correctas porque no se habla de la duración de la oferta.
	9. C	*... vuelve con nuevo disco. Veinticinco canciones clásicas del rock.* La opción B no es correcta porque el DVD se regala con el disco y, en ese DVD, está el concierto, opción A.
	10. C	*- ¡Pasarela!, la fiesta continúa en Ampuriabrava.* No son las opciones A y B porque no se habla de atracciones ni de menús o comidas, solo de fiesta, música y bebidas.
	11. B	*Para parejas de hasta 30 años.* No puede ser la opción A porque es hasta septiembre ni la C porque es solo para un fin de semana.
	12. A	*Aquí puedes leer nuestras conversaciones diarias en la radio durante ese maravilloso acontecimiento.* No es B porque dice que ahí están sus conversaciones y experiencias ni la C porque se trata de un libro que se puede comprar en cualquier librería.

Tarea 3		
	13. B	*Vecino: Es que mañana nos vamos Estrella y yo una semana fuera, y te quiero dejar las plantas.* Rosa quizá va también, pero todavía no lo sabe: "Hablo con Javier y luego te digo".
	14. A	*Rosa: Sí, antes iba mucho. Tenía un novio de Cáceres, que está cerca.* El vecino no habla de relaciones pasadas.
	15. C	*Vecino: Puedo darle las llaves de casa a mi hermano.* Hablan de ir en el coche del vecino, pero no de las llaves del coche.
	16. B	*Rosa: No es mala idea, lo que pasa es que este fin de semana estamos sin coche.* *Vecino: No importa, venís en el nuestro y volvéis en tren.* El vecino le propone el plan dos veces y ella responde, también dos veces, que debe hablar con su marido.
	17. A	*Rosa: ¿Es ese chico alto, delgado, un poco calvo, que a veces viene a veros?* El vecino habla de sus dos hermanos, Rosa habla de un novio y de su marido.
	18. C	*Vecino: No, es que es muy independiente... Siempre está viajando en moto por toda España.* El vecino se refiere a su hermano, ellos hablan de viajar en coche y en tren.

Tarea 4		
	19. C	*... que quiero preparar a mi mujer una tortilla de patatas como la que tú haces y no me acuerdo de la receta.* Es el único mensaje donde se habla de una receta, aunque en el mensaje 3 se habla de comer en un restaurante.
	20. J	*La llegada está prevista para las cuatro y veinte de la tarde, diez minutos antes del horario oficial.* El mensaje 3 habla también de llegar a un lugar, pero este es un restaurante y, además, la persona llegará con retraso.
	21. H	*Que…es un poco tarde, pero voy a llegar, de verdad.* El mensaje 2 habla también de llegar a un lugar, pero este es un aeropuerto y, además, la mujer llegará antes de lo previsto.
	22. E	*Ahora, también en Toledo, abre sus puertas Euroidioma...* En el mensaje 5 se habla del inglés, pero como requisito para un trabajo.
	23. A	*¡Muy importante! Tienes que saber inglés.* En el mensaje 4 se habla del inglés y otros idiomas, pero en el contexto de la enseñanza en una escuela.
	24. G	*Tenemos su bolso, con la cartera, las tarjetas de crédito, una agenda, unas gafas de sol y las llaves de un coche.* En el mensaje 7 se habla de una persona perdida, en este caso se trata de un objeto perdido que ya se ha encontrado.
	25. I	*... no ha vuelto a su casa Ramón Burgos Cuenca.* En el mensaje 6 se habla de un objeto perdido, un bolso, en este caso se trata de una persona desaparecida.

Control de progreso

Aquí tienes una tabla que te ayuda a analizar cómo has hecho esta prueba de examen para mejorar los resultados en el próximo modelo de examen y **prepararte así mejor en menos tiempo**. También es importante completarla para poder **comparar** más tarde los resultados con otros modelos.

Prueba n.º 2

¿Cómo ha ido esta prueba de examen?	Tarea 1	Tarea 2	Tarea 3	Tarea 4
1. Resultados correctos.				
2. No estoy acostumbrado/a a este tipo de textos.				
3. No estoy acostumbrado/a a este tipo de tareas.				
4. He tenido problemas con el vocabulario.				
5. El tema de los audios era difícil.				
6. No he reconocido la información en el texto.				
7. La gramática de los audios era difícil.				
8. He perdido el hilo de los diálogos y anuncios.				
9. Dificultad general de la tarea (de 1 a 5).				
10. Nivel de estrés de la prueba (alto/medio/medio bajo/bajo)	....			

Marca en esta línea qué **sensación de control** tienes de esta prueba.

Mínimo control 1☐ 2☐ 3☐ 4☐ 5☐ 6☐ 7☐ 8☐ 9☐ 10☐ **Máximo control**

¿Por qué has conseguido esos resultados? ¿Cómo puedes mejorar? Escribe tu comentario, en español o en tu lengua.

....

....

Como sabes, al final del modelo de examen tienes la sección de vocabulario. Antes de pasar a la siguiente prueba, anota cómo se dicen en tu lengua las palabras de esta que aparecen en el glosario.

Con EXTENSIÓN DIGITAL **Actividades propuestas**. En el espacio virtual de ***Crono A2***, tienes actividades para desarrollar habilidades generales en esta prueba del examen. https:\\eleteca.edinumen.es

Las actividades te explican en especial cómo reconocer la información necesaria para seleccionar la opción correcta. Para eso, usan las transcripciones de las audiciones que puedes encontrar en la **ELEteca**.

Estas actividades, igual que las de la prueba 1, están basadas en el modelo de examen que ofrece el Instituto Cervantes en su página web: https://cervantes.es

Gestión del examen: Prueba n.º 3

Tarea previa

1. **Tarea A.** Texto 2; **Tarea B.** Texto 1.

2. **Comparación de modelos de examen**

	Modelo de examen del Instituto Cervantes	Modelo de examen n.º 1 de *Crono A2*
la instrucción	Pepe escribe un mensaje para quedar la próxima semana.	Una amiga le escribe para quedar la próxima semana.
el mensaje electrónico (tarea 1)	*¡Hola! Ya es sábado y no he hablado contigo en toda la semana. ¿Qué has hecho? ¿Mucho trabajo? Te escribo para ver si nos podemos ver la semana que viene. ¿Tienes que hacer muchas cosas? ¿Cuándo puedes quedar? Ya me dices. Un abrazo, Pepe*	*¡Hola! La semana que viene hay un concierto en la Plaza de Armas: toca el grupo mexicano Maná. Yo sé que te gusta mucho. ¿Quieres venir con nosotros? ¿Tienes tiempo? Vamos un grupo de amigos. Conoces solo a Clara, los demás son amigos míos del trabajo. Si quieres venir, puedo comprar yo tu entrada. Ya me dices. Un saludo, Rebeca*
el tema (tarea 2, opción 1)	Una fiesta de cumpleaños en la que usted ha estado.	Una boda en la que usted ha estado.
las pautas (tarea 1)	- saludar; - decir qué ha hecho esta semana; - explicar qué va a hacer la próxima semana; - decir un día, un lugar y una hora para quedar; - hacerle dos preguntas y despedirse.	- saludar; - decir qué va a hacer la semana que viene; - explicar qué le parece el grupo musical; - decir si acepta o no la invitación y por qué; - hacerle dos preguntas y despedirse.

Claves de la prueba n.º 3

Atención, estos textos son solo una propuestas. Hay muchas opciones correctas.

Tarea 1

Hola, Ana.

Gracias por tu mensaje. El vecino del tercero me ha dicho lo que pasa con la puerta del cuarto de la basura. Afortunadamente, el carpintero viene la semana que viene. Me alegro.

Me gusta tu idea. Yo puedo hacerlo, pero la mujer del quinto no puede caminar. Creo que tenemos que ayudarla. Por ejemplo, cada día un vecino diferente puede bajar su basura. ¿Puedes ocuparte tú de organizarlo?

Saludos.

John

68 palabras

Tarea 2, opción 1

El sábado fue al museo de juguetes para acompañar a mi sobrino Michael. Él quería ir y yo tenía tiempo. Está en un parque muy cerca de mi casa, en un antiguo castillo. Me gustaron mucho los antiguos juguetes de metal y plomo, ya no se usan esos materiales. Después del museo fuimos a tomar un helado. Fue una ocasión especial, normalmente voy a museos de máquinas antiguas y observo los objetos que hay.

74 palabras

Tarea 2, opción 2

Conozco a Malena desde hace un año. Trabajamos juntos en una revista de economía, la conocí ahí. Es una mujer muy inteligente y también vital y sociable. Le gustan las cenas con amigos y salir a bailar. Eso hicimos el fin de semana: primero fuimos a casa de mis tíos a comer, y por la noche fuimos a una discoteca. Nos acompañó mi primo James, creo que a él le gusta Malena. Ellos se lo pasaron muy bien. El domingo por la mañana Malena se quedó en casa leyendo, estaba cansada.

79 palabras

Control de progreso

Completa esta tabla para mejorar los resultados en el próximo modelo de examen y poder luego comparar los resultados con otros modelos.

Prueba n.º 3

¿Cómo ha ido esta prueba de examen?	Tarea 1	Tarea 2 Opción: ....
1. Tiempo de cada tarea.		
2. No estoy acostumbrado/a a este tipo de tareas.		
3. Problemas con el vocabulario.		
4. El tema del texto era difícil.		
5. No he tenido muchas ideas para escribir.		
6. La gramática de los textos era difícil.		
7. He perdido mucho tiempo reescribiendo.		
8. Dificultad general de la tarea (de 1 a 5).		
9. Nivel de estrés de la prueba (alto/medio/medio bajo/bajo).	....	

Marca en esta línea qué **sensación de control** tienes de esta prueba.

Mínimo control 1 ☐ 2 ☐ 3 ☐ 4 ☐ 5 ☐ 6 ☐ 7 ☐ 8 ☐ 9 ☐ 10 ☐ **Máximo control**

¿Cómo explicas esos resultados? ¿Cómo puedes mejorar? Escribe tu comentario, en español o en tu lengua.

....

....

....

Gestión del examen: Prueba n.º 4

Tarea previa

2\.
1. *Es importante preparar el vocabulario.* Tarea 1 y tarea 2.
   No es lo único que se evalúa, pero es el principal aspecto que puedes preparar.
2. *Tengo que entender bien la situación.* Tarea 2 y tarea 3
   La fotografía presenta una situación que se desarrolla en la tarea 3.
3. *Tengo que mirar bien los detalles.* Tarea 2
   Los detalles de la fotografía son importantes y tienes que organizarlos bien.
4. *Es importante organizar bien las ideas e informaciones.* Tarea 1 y tarea 2.
   Es otro aspecto importante que se evalúa especialmente en la tarea 1.
5. *Hablo yo, el entrevistador solo me observa.* Tarea 1 y tarea 2.
   Es importante practicarlo porque muchos candidatos se ponen nerviosos.
6. *No sé qué me van a preguntar.* Tarea 3
   No lo sabes, pero puedes imaginar qué te van a preguntar porque conoces la situación.
7. *Tengo que pronunciar bien y no puedo hacer pausas largas.* Tarea 1, tarea 2 y tarea 3.
   Es otro aspecto importante que se evalúa en la prueba. No tienes que tener pronunciación de nativo y puedes hacer algunas pausas que no hacen muy larga la tarea.
8. *Es la tarea que mejor me sale. No necesito tanto tiempo para prepararla.*
   Respuesta personal.

Saber improvisar.

Comentario. Sí, es importante saber improvisar. No puedes prepararlo todo. La tarea 3 evalúa tu capacidad para responder de forma natural y espontánea a preguntas que no esperas, por eso se llama "Interacción oral". Tienes que entender bien las preguntas del entrevistador. Puedes pedirle repetición. Es importante no estar pasivo en esta tarea, puedes tener iniciativa. ¡Con ***Crono A2*** vamos a preparar la improvisación!

5. **Esquema para la interacción**

1. d; **2.** f; **3.** a; **4.** c; **5.** e; **6.** b; **7.** h; **8.** g.

Comentario. En la vida real **improvisamos** las conversaciones, pero siempre dentro de un esquema. Cada situación tiene un esquema general en el que aparecen las preguntas y puedes imaginar preguntas más probables. Esos esquemas están relacionados con la situación comunicativa: pedir información, proponer una actividad en común, quejarse, etc.

Control de progreso

La siguiente tabla tiene como objetivo reflexionar sobre cómo has hecho esta prueba del examen para mejorar los resultados en el próximo modelo de examen y **prepararte así mejor en menos tiempo**. También es importante completarla para poder luego **comparar** los resultados con otros modelos de examen.

Escucha tu presentación y tus respuestas y completa con ✕ el siguiente cuadro.

Prueba n.º 4

¿Cómo ha ido esta prueba de examen?	Tarea 1	Tarea 2	Tarea 3
1. Respondo a todos los puntos de las instrucciones.			
2. Doy suficiente información para responder a las preguntas.			
3. Mis respuestas demuestran que entiendo las preguntas.			
4. Mis expresiones son sencillas pero suficientes.			
5. Cometo algunos errores básicos.			
6. Organizo bien las frases y las ideas.			
7. Tengo una pronunciación clara y comprensible.			
8. Hago demasiadas pausas o son demasiado largas.			
9. Uso muchas palabras de mi lengua o de otras lenguas.			
10. Repito demasiadas palabras y expresiones, algunas frases las he aprendido de memoria y las repito.			
11. Dificultad general de la tarea (de 1 a 5).			
12. Nivel de estrés de la prueba (alto/medio/medio bajo/bajo).	....		

Marca en esta línea qué **sensación de control** tienes de esta prueba.

Mínimo control 1 ☐ 2 ☐ 3 ☐ 4 ☐ 5 ☐ 6 ☐ 7 ☐ 8 ☐ 9 ☐ 10 ☐ **Máximo control**

¿Cómo explicas esos resultados? ¿Cómo puedes mejorar? Escribe tu comentario, en español o en tu lengua.

....

....

....

Modelo de examen n.º 3

Gestión del examen: Prueba n.º 1

Tarea previa

1. **1.** Tarea 1; **2.** Tarea 2; **3.** Tarea 2; **4.** Tarea 3; **5.** Tarea 4; **6.** Tarea 4; **10.** Tarea 1; **11.** Tarea 1; **12.** Tarea 2; **14.** Tarea 4; **16.** Tarea 2; **17.** Tarea 3; **18.** Tarea 3; **20.** Tarea 2.

Los tipos de texto 7, 8, 9, 13, 15, 19, 21, 22, 23 y 24 no se corresponden con el nivel A2.

2. **1.** Tarea 1; **2.** Tarea 3; **3.** Tarea 4; **4.** Tarea 1; **5.** Tarea 2; **6.** Tarea 3; **7.** Tarea 2; **8.** Tarea 2; **9.** Tarea 2; **10.** Tarea 4.

Fuente: Instituto Cervantes

Comentarios

- Cada tipo de texto tiene unas características, una estructura y una gramática típicas. Observa:

  Tarea 1: es un correo electrónico, es decir, alguien escribe a alguien, saluda, le cuenta un problema, pide algo, se despide.

  Tarea 2: son anuncios y avisos con mucha información práctica, hay muchos imperativos.

  Tarea 3: son textos narrativos, en primera persona porque normalmente son experiencias personales.

  Tarea 4: se trata de un artículo, un texto más complejo que el de la tarea 3, es narrativo pero no está en primera persona. El tema no es personal.
- El Instituto Cervantes establece qué tipos de texto hay en cada tarea de cada prueba del DELE. Para eso utiliza un documento relacionado con el aprendizaje de idiomas en Europa, en español se llama *Marco común europeo de referencia para las lenguas*, los profesores lo llamamos "el Marco". Los libros y los cursos de español normalmente utilizan también ese documento, pero no siempre de la misma manera que el Instituto Cervantes. Por eso, a veces hay textos diferentes y algunos estudiantes de español de nivel A2 no conocen todos los tipos de textos. Como candidato, tienes que saber qué textos te vas a encontrar; si estás acostumbrado/a a esos textos, es más fácil leerlos y responder a las preguntas. Si no los conoces, tienes que acostumbrarte a ellos.
- Conocer el tipo de textos que vas a encontrar en el examen te ayuda a hacerlo con más **tranquilidad**, **seguridad** y **rapidez**. Te orienta en la prueba. Este conocimiento se combina con el de los tipos de tarea, que vamos a trabajar en el modelo de examen n.º 4. Los tipos de tarea influyen en la manera de leer los textos. Además, te dan información sobre el vocabulario de los textos, este aspecto lo vamos a trabajar en el modelo de examen n.º 5.
- En resumen, estos son los tres aspectos principales de la prueba 1: tipo de texto de cada tarea, con su estructura y su gramática; tipo de tarea y vocabulario de cada tipo de texto.

  Todo esto te ayuda a aumentar tu **sensación de control**.

Claves de la prueba n.º 1

Además de las claves, tienes un comentario que te explica por qué no son correctas las otras opciones.

Tarea 1		
	1. A	*Asunto: Vacaciones de Navidad.* La opción B no es correcta porque el nuevo proyecto no es de Pedro, sino de Alberto. La C tampoco porque la información sobre Marta y Judith ya la tiene Elisenda.
	2. C	*Ya sabes que este año organizo yo el viaje de Navidad.* La opción A no es correcta porque no habla de una agencia de viajes, son ellos mismos los que organizan el viaje. La B tampoco porque no habla de ninguna cena.
	3. B	*Un beso de tu hermana...* Las opciones A y C no son correctas porque hablan de la familia: Elisenda usa el pronombre *nuestro* que la incluyo a ella y a Pedro.
	4. A	*... cuando hicimos aquel viaje por Francia los dos juntos, ¿recuerdas?* Solo la A es correcta porque usa el verbo *hacer* en plural: *hicimos*, que incluye a Elisenda y a Pedro.
	5. A	*... Carlos se va con su familia a Málaga.* Las opciones B y C no son correctas porque dice que va a pasar las fiestas con su familia y no con su pareja (B o C), ella se va de viaje con su familia.

Tarea 2

6. C	*Concierto en directo. Actúan: Saciedad, 3res, Capazo, Potatílicos, Juako, Falcone y Electric Grave.* La opción A no es correcta porque *Bagdad* es parte del título de una película. La B tampoco porque no hay ninguna obra de teatro en el programa.
7. B	*Si la estación no tiene bicicletas: 1. Acerca la tarjeta de usuario/a al lector.* La opción A no es correcta porque en el tercer párrafo no nombra la tarjeta. La C tampoco porque para abonarse hay un número de teléfono y, después de hacerlo, la persona tiene la tarjeta.
8. A	*La calle es silenciosa.* La opción B no es correcta porque la escalera no está en la habitación, sino en la casa. La C tampoco porque la habitación tiene una nevera para, justamente, guardar comida.
9. B	*IDIOMAS: inglés y castellano (bilingüe).* La opción A no es correcta porque terminó la carrera en Toronto. La C tampoco porque él es quien traduce.
10. C	*... tienen una regulación especial.* La opción A no es correcta porque los grupos deben pasar por la Casa del Parque. La B tampoco porque el parque indica dónde están las "zonas donde se puede comer".
11. B	*... para perder peso.* La opción A no es correcta porque todavía no está en Costa Rica, llega el día 16 de febrero, se entiende que aún no es esa fecha porque dice: "a partir de". La C tampoco porque dice que muchas personas lo conocen, no especifica el sexo.
12. C	*... abonar su estancia en los cajeros automáticos antes de retirar el vehículo.* La opción A no es correcta porque solo aconseja no dejar nada en el coche para evitar robos. La B tampoco porque la palabra *valor* se refiere a los objetos dentro de los coches.
13. A	*Aviso de corte de agua.* La opción B no es correcta porque en el título ya dice que el corte es de agua. La C tampoco porque no se refiere al n.º 50 concretamente, sino a esa altura de la calle.

Tarea 3

14. C	*... no sabía ni una sola palabra en su idioma, lo cual me hacía estar por debajo de mi novia...* Eloísa y Cecilia solo hablan de sus profesores. Walter hizo el curso con su pareja.
15. C	*... supo darme tareas extra ... y eso me animó mucho.* Eloísa y Cecilia hablan solo de las actividades durante las clases.
16. A	*Un total de nueve horas repartidas en clases de noventa minutos.* Cecilia y Walter hablan en general de los cursos, no dan informaciones tan concretas. Cecilia habla solo de los profesores, Walter dice cuándo empezó a estudiar: "desde hace dos años".
17. A	*Es muy clara y didáctica en sus explicaciones...* Cecilia habla de la pronunciación. Walter habla más de los temas de las clases.
18. B	*Probé otras escuelas, clases particulares, la universidad..., pero nada.* Eloísa habla solo de una escuela, sin compararla con otras. Walter tampoco habla de experiencias en otras escuelas.
19. A	*Desde marzo tomo clases* online*...* Eloísa es la única que nombra algo relacionado con la tecnología. Los otros hablan solo de las capacidades de sus profesores.

Tarea 4

20. C	*Hace diez mil años estas islas no tenían habitantes.* Las opciones A y B no son correctas porque el texto no da una fecha concreta o una cantidad de tiempo exacta, solo aproximada.
21. B	*Los huilliches ... se quedaron en la isla Grande hasta hoy.* La opción A no es correcta porque los huilliches eran pescadores, no significa que solo pescaban marisco. La C tampoco porque viven desde hace más de cinco siglos en la isla.
22. A	*Fue el mismo año de la entrada de Pedro de Valdivia en Chile, 1540...* La opción B no es correcta porque dio nombre a la ciudad después, en 1552. La C tampoco porque Alonso de Camargo fue el primero que vio las islas.
23. A	*... el navegante español Alonso de Camargo vio estas islas.* Las opciones B y C no son correctas porque Francisco de Villagra y Francisco de Ulloa llevaron a cabo sus exploraciones en 1553, trece años después de Camargo.
24. B	*A principios de noviembre de 1553, Valdivia encargó a Francisco de Villagra ... Al mismo tiempo, en octubre de 1553, Valdivia envió desde Concepción al mariscal Francisco de Ulloa...* La opción A no es correcta porque uno salió en noviembre y el otro en octubre. La C tampoco porque no se menciona que no regresaron.
25. C	*... importante ruta de comunicación y comercio entre ambos océanos.* La opción A no es correcta porque no se habla del Polo Sur. La B tampoco porque el texto dice "sin mapas todavía".

Control de progreso

Completa la tabla de progreso para mejorar los resultados en el próximo modelo de examen.

Prueba n.º 1

¿Cómo ha ido esta prueba de examen?	Tarea 1	Tarea 2	Tarea 3	Tarea 4
1. Tiempo de cada tarea.				
2. Resultados correctos.				
3. Ya estoy acostumbrado/a a este tipo de textos.				
4. Ya estoy acostumbrado/a a este tipo de tareas.				
5. He tenido problemas con el vocabulario.				
6. Conocía el tema de los textos.				
7. He localizado más rápidamente la información en el texto.				
8. La gramática de los textos era difícil.				
9. He perdido menos tiempo releyendo.				
10. Dificultad general de la tarea (de 1 a 5).				
11. Nivel de estrés de la prueba (alto/medio/medio bajo/bajo).	....			

Marca en esta línea qué **sensación de control** tienes de esta prueba.

Mínimo control 1 ☐ 2 ☐ 3 ☐ 4 ☐ 5 ☐ 6 ☐ 7 ☐ 8 ☐ 9 ☐ 10 ☐ **Máximo control**

¿Cómo explicas esos resultados? ¿Cómo puedes mejorar? Escribe tu comentario, en español o en tu lengua.

....

....

....

Como sabes, al final del modelo de examen tienes la sección de vocabulario. Antes de pasar a la siguiente prueba, anota cómo se dicen **en tu lengua** las palabras seleccionadas en los textos de esta prueba.

Con EXTENSIÓN DIGITAL En el espacio virtual de ***Crono A2***, tienes actividades para mejorar tus resultados en esta prueba. https:\\eleteca.edinumen.es

Gestión del examen: Prueba n.º 2

Tarea previa

1. **1.** Tarea 4; **2.** Tarea 2; **3.** Tarea 2; **4.** Tarea 2; **7.** Tarea 1; **8.** Tarea 1; **9.** Tarea 3; **10.** Tarea 4; **12.** Tarea 3; **13.** Tarea 3; **14.** Tarea 1; **16.** Tarea 3; **17.** Tarea 1; **20.** Tarea 1.

Fuente: Instituto Cervantes

Los tipos de texto 5, 6, 11, 15, 18 y 19 no se corresponden con el nivel A2.

2. **1.** Tarea 1; **2.** Tarea 2; **3.** Tarea 1; **4.** Tarea 1; **5.** Tarea 3; **6.** Tarea 2; **7.*** Tarea 2; **8.** Tarea 3; **9.*** Tarea 3; **10.** Tarea 4; **11.*** Tarea 4; **12.*** Tarea 3.

***Fuente: Instituto Cervantes**

Comentarios

- En la prueba 2 los textos auditivos son en general más cortos que los de la prueba 1. Hay anuncios y avisos en las dos pruebas, pero en la prueba 2 no hay textos narrativos ni monólogos. Los textos de la prueba 2 tienen una estructura más sencilla. El vocabulario es muy parecido. Compara las listas de vocabulario de las dos pruebas al final de los modelos de examen. Hay palabras que unas veces aparecen en la prueba 1 y otras en la prueba 2. También en esta prueba podemos describir los textos de cada tarea:

Tarea 1: son diálogos muy breves entre dos personas, que pueden hablar en estilo formal *(usted)* o informal *(tú)*. Una persona quiere o necesita algo y la otra persona reacciona. Siempre se nombra lo que aparece en las tres opciones.

Tarea 2: son fragmentos de radio, con informaciones breves, avisos o anuncios; es decir, textos que invitan a hacer algo, como comprar, o avisan de algo importante, como un cambio. Tienen muchas informaciones concretas.

Tarea 3: es un diálogo largo entre dos personas que se conocen y hablan de su vida. Siempre hay un saludo, una situación y una despedida. Hay una situación que motiva el diálogo y, también, hay cambios de tema.

Tarea 4: son de nuevo avisos, pero también hay mensajes de voz en el contestador del teléfono. Son más personales que en la tarea 2. Están normalmente dirigidos a personas concretas que tienen que hacer algo.

- Como en el caso de la prueba 1, el Instituto Cervantes utiliza "el Marco" para decidir qué textos aparecen en esta prueba. Para un candidato, saber qué tipo de audios va a escuchar es importante; si estás acostumbrado/a a esos audios, es más fácil entenderlos y responder a las preguntas. Si no los conoces, tienes que acostumbrarte a ellos.
- Como en la prueba 1, conocer el tipo de audios que vas a escuchar en el examen te ayuda a resolver la tarea con más **tranquilidad**, **seguridad** y **rapidez**. En esta prueba es más importante que en la prueba 1, por un gran motivo: solo escuchas los audios dos veces y no puedes detener la audición con el botón de pausa. En la prueba 1 puedes leer los textos todas las veces que quieras, en la 2 no tienes esa libertad. Es una prueba más estresante y necesitas más concentración. Saber qué tipo de audios vas a encontrar te ayuda a **imaginar qué vas a escuchar**.
- En resumen, esta información, junto con la práctica de las tareas en los siguientes modelos de examen, te ayuda a aumentar tu **sensación de control**, que en esta prueba es especialmente importante.

! **Consejo.** Vuelve a mirar las tablas con la información de la prueba en la página 16.

Claves de la prueba n.° 2

! Además de las claves, tienes un comentario que te explica por qué no son correctas las otras opciones.

Tarea 1		
	1. B	*- Voy a mirar las chaquetas.* La opción A no es correcta porque el chico habla de pantalones cortos, no de vaqueros. La C tampoco porque la camisa le interesa a la madre.
	2. A	*- ¿Qué tipo de música le gusta? ¿La clásica? Este concierto es bastante bueno.* La opción B no es correcta porque la dependienta no habla de flamenco, es el chico quien lo hace. La C tampoco porque es el chico quien pregunta por algo de música pop, la dependienta no lo propone.
	3. A	*- Es que el médico me ha recomendado un cojín, pero yo creo que...* La opción B no es correcta porque es el dependiente quien habla de mesas. La opción C tampoco porque el médico no habla de sillas.
	4. A	*- ... pero me falta la mantequilla.* La opción B no es correcta porque ya tiene los huevos. La C tampoco porque la harina no está en la lista de su madre.
	5. C	*- ¿Estás seguro de que este año quieres hacer alpinismo?* *- Sí, estoy seguro, quiero cambiar de actividad.* La opción A no es correcta porque son los padres los que van a ir en bicicleta. La B tampoco porque la playa fue una actividad anterior.
	6. B	*- ... he comprado estos yogures y tienen la fecha de caducidad pasada.* Las opciones A y C no son correctas porque los problemas con la leche (A) y el queso (C) fueron en el pasado.

Tarea 2		
	7. B	*Todos los espectáculos son gratuitos.* La opción A no es correcta porque por internet solo se puede reservar y, como es gratuito, no hay que comprar la entrada. La C tampoco porque el 24 de octubre es el principio de la semana cultural.
	8. C	*... la Casa de Campo, el parque más importante de la ciudad.* La opción A no es correcta porque no se habla de fiestas, no hay vocabulario de este tema. La B tampoco porque la ecología es solo uno de los temas que se tratarán ese día.

	9. C	*... lo que necesita para su coche. Más de cincuenta productos para limpiar y...* La opción A no es correcta porque no se habla de ir en taxi, sino de precios especiales para taxis. La B tampoco porque se ofrecen productos para limpiar, no la limpieza del coche.
	10. B	*Luego, vamos a celebrar una comida con todos los asistentes en el parque, junto al cementerio.* La opción A no es correcta porque delante del ayuntamiento es el primer evento. La C tampoco porque "no tienes que inscribirte".
	11. A	*... viajes en globo de dos horas para...* La opción B no es correcta porque por la tarde es posible inscribirse. La C tampoco porque "hasta el 15 de septiembre es gratis", pero luego continúan los viajes.
	12. A	*Ahora, además, puede vernos. ... en la cadena de televisión de la comunidad autónoma.* La opción B no es correcta porque empieza "el próximo lunes", eso no significa que se emite los lunes, puede emitirse todos los días, el anuncio no lo dice. La C tampoco porque el curso de cocina es gratis, no la comida.

Tarea 3	**13.** B	- Luisa: *Bueno, pero cinco minutos, que al jefe no le gusta.* Alberto no habla de su jefe.
	14. A	- Alberto: *No, mujer, invito yo.* Luisa prefiere un chocolate y le ofrece el dinero al Alberto, que lo rechaza.
	15. C	- Luisa: *Sí, hacemos la publicidad a varias zapaterías...* Alberto trabaja probablemente en la misma empresa, pero en otro departamento. Luisa dice que hace publicidad para varias tiendas, no trabaja en varias tiendas.
	16. B	- Alberto: *¿Y crees que la ropa de marca es mejor?* - Luisa: *No sé, en general sí.* Alberto pregunta a Luisa por su opinión de la ropa de marca.
	17. C	- Alberto: *Toma, tu chocolate caliente. Y el supermercado del centro comercial..., ¿qué tal es?* - Luisa: *Yo creo que no está mal. He visto que el pescado es fresco y la carne también es buena y no demasiado cara...* Alberto pregunta solo por el supermercado. Luisa habla del precio de la carne.
	18. A	- Luisa: *Ah, pues vale. ¿Qué tal el sábado?* - Alberto: *No puedo, ya he quedado con los de la oficina para ver el fútbol. ¿Y el viernes?* Luisa propone quedar el sábado, pero Alberto no puede porque tiene ya una cita.

Tarea 4	**19.** B	*... un empleado de nuestra compañía va a pasar por su oficina para revisar su sistema informático y todos los ordenadores.* Es el único mensaje que habla de un empleado que va a una empresa a revisar sistemas informáticos.
	20. I	*... hay un automóvil con matrícula NB 9564 mal aparcado.* Hay dos mensajes que hablan de móviles, pero solo este habla de automóviles. Son objetos diferentes.
	21. A	*Puede usarlos o guardarlos para la próxima promoción de móviles, ya hay modelos nuevos.* De los dos mensajes que hablan de móviles, solo el 3 habla de ofertas comerciales.
	22. E	*... la próxima semana nuestras tiendas van a cerrar por obras en...* El mensaje 1 nombra una hora, pero este es el único mensaje que habla de horarios de tiendas.
	23. H	*Tenemos que cambiar la cita del jueves... ¿Qué tal el lunes de la semana que viene?* Es el único mensaje para cambiar una cita. El mensaje 1 es para concertar una cita, no para cambiarla.
	24. C	*Carlos está enfermo y no puede ir a la escuela. Te necesito...* Es un mensaje de la madre de Carlos probablemente para una amiga o un familiar.
	25. J	*Ha pasado algo muy fuerte. Te lo tengo que contar ya. Por favor, llámame...* Los otros mensajes son más claros. Solo en este mensaje no está claro qué tiene que contar.

Control de progreso

Completa la tabla de control para analizar cómo has hecho la prueba auditiva de este modelo de examen y mejorar los resultados en el próximo. Así te preparas mejor en menos tiempo. También es importante completarla para comparar más tarde los resultados con otros modelos de examen.

Prueba n.º 2 — ¿Cómo ha ido esta prueba de examen?	Tarea 1	Tarea 2	Tarea 3	Tarea 4
1. Resultados correctos.				
2. Estoy acostumbrado/a a este tipo de audios.				
3. Estoy acostumbrado/a a este tipo de tareas.				
4. No he tenido problemas con el vocabulario.				
5. No conocía el tema de los audios.				
6. He reconocido la información en el texto.				
7. La gramática de los audios no era difícil.				
8. No he perdido el hilo.				
9. Dificultad general de la tarea (de 1 a 5).				
10. Nivel de estrés de la prueba (alto/medio/medio bajo/bajo).	....			

Marca en esta línea qué **sensación de control** tienes de esta prueba.

Mínimo control 1☐ 2☐ 3☐ 4☐ 5☐ 6☐ 7☐ 8☐ 9☐ 10☐ **Máximo control**

¿Cómo explicas esos resultados? ¿Cómo puedes mejorar? Escribe tu comentario, en español o en tu lengua.

....

....

Como sabes, al final del modelo de examen tienes la sección de vocabulario. Antes de pasar a la siguiente prueba, anota cómo se dicen en tu lengua las palabras de la lista.

Con EXTENSIÓN DIGITAL — En el espacio virtual de ***Crono A2***, tienes actividades para para mejorar tus resultados en esta prueba. https:\\eleteca.edinumen.es

Gestión del examen: Prueba n.º 3

Tarea previa

1. **Texto 1.** Tarea 1; **Texto 2.** Tarea 2, opción 2; **Texto 3.** Tarea 2, opción 1; **Texto 5.** Tarea 1; **Texto 6.** Tarea 2, opción 2; **Texto 8.** Tarea 2, opción 1; **Texto 9.** Tarea 2, opción 1; **Texto 10.** Tarea 2, opción 2.

Comentarios. El **texto 4** no es de este examen. Tiene 135 palabras, son demasiadas. El texto no es la respuesta a otro texto, sino el mensaje al que hay que contestar. En la tarea 1 hay que responder con un texto a otro mensaje, que aparece en las instrucciones.

El **texto 7** no es de este examen. Tiene 105 palabras, son demasiadas. Es una descripción muy formal de Malena. Responde a una situación no cotidiana del ámbito profesional. El vocabulario no es del nivel A2.

Estas son las características principales de los tres textos:

Tarea 1: es un mensaje que responde a otro mensaje. Tiene que tener saludo, texto, despedida y firma.

Tarea 2, opción 1: una narración de una anécdota relacionada con un evento social o personal, con una breve descripción en pasado.

Tarea 2, opción 2: una breve historia de una experiencia o una relación entre dos personas. No tiene que ser personal, las personas pueden ser desconocidas. Tiene que incluir la información de las imágenes. Está escrita en pasado.

Consejo. Vuelve a mirar las tablas con la información panorámica de la prueba en la página 5 de ***Crono A2***.

Claves de la prueba n.° 3

Atención, estos textos son solo una propuesta. Hay muchas opciones correctas.

Tarea 1

Hola, Mikel:

Mira, yo creo que hablas de Hugo, aquel chico rubio que quería ser actor, ¿no? Es verdad, se fue a Japón, pero regresó hace un año y nos vimos. Ahora vive en Buenos Aires. Puedes preguntarle a su madre, te puedo dar su número: 605 37 45 73. Por cierto, ¿para qué quieres contactar con él? ¿Sabes que se casó con una japonesa?

Bueno, escríbeme pronto.

Un abrazo,

Lourdes

68 palabras

Tarea 2, opción 1

El lunes por la tarde me encontré a una vecina en el supermercado. Es algo que nunca me sucede, era la primera vez. Yo solo necesitaba algo para la cena, ella estaba con su hijo pequeño. No la conozco mucho, a veces nos saludamos en la escalera. Al hijo sí lo he visto más veces jugando en el patio. Ella llevaba una falda verde muy corta, un jersey también verde y unas zapatillas blancas. Nos saludamos un momento y luego cada uno siguió su camino.

83 palabras

Tarea 2, opción 2

¡Uf! Qué día tan estresante. No he parado. Primero he ido al gimnasio muy temprano, como cada sábado. Luego tenía cita en el dentista, afortunadamente nada grave, pero he llegado tarde al restaurante. He comido con Jorge en El Alero, no vuelvo más, la carne estaba seca. Jorge ha venido conmigo y con Alberto de compras. Lo hemos pasado estupendamente. Se han ido a las seis y a las ocho he llegado a casa de Pablo y Carlos. Son encantadores, pero hablan demasiado de política. Luego he vuelto a casa.

85 palabras

Control de progreso

Como sabes, esta tabla te ayuda a reflexionar sobre cómo has hecho esta prueba del examen y mejorar los resultados en el próximo modelo de examen.

Prueba n.° 3

¿Cómo ha ido esta prueba de examen?	Tarea 1	Tarea 2 Opción: ....
1. Tiempo de cada tarea.		
2. Estoy acostumbrado/a a este tipo de tareas.		
3. No he tenido problemas con el vocabulario.		
4. El tema del texto no era tan difícil.		
5. He tenido muchas ideas para escribir.		
6. La gramática de los textos no era difícil.		
7. No he perdido tanto tiempo reescribiendo.		
8. Dificultad general de la tarea (de 1 a 5).		
9. Nivel de estrés de la prueba (alto/medio/medio bajo/bajo).	....	

Marca en esta línea qué **sensación de control** tienes de esta prueba.

Mínimo control 1☐ 2☐ 3☐ 4☐ 5☐ 6☐ 7☐ 8☐ 9☐ 10☐ **Máximo control**

¿Cómo explicas esos resultados? ¿Cómo puedes mejorar? Escribe tu comentario, en español o en tu lengua.

....

....

Gestión del examen: Prueba n.º 4

Tarea previa

1. **2.** Tarea 1; **5.** Tarea 1; **6.** Tarea 2; **7.** Tarea 3; **8.** Tarea 1; **10.** Tarea 3; **11.** Tarea 2; **12.** Tarea 2; **13.** Tarea 3; **14.** Tarea 1; **15.** Tarea 3; **16.** Tarea 2; **17.** Tarea 3; **18.** Tarea 2; **19.** Tarea 1.

Comentario. Las frases 1, 3, 4, y 9 son frases del principio de la entrevista. Son respuestas a **"preguntas de contacto"** del entrevistador y no se evalúan. La frase 20 es la despedida del candidato.

Estas son las claves de las tres tareas:

Tarea 1. Hay que hablar solo. Hay que contar una experiencia (en pasado) o una costumbre (en presente). Siempre es algo relacionado con la vida cotidiana del candidato. No hay temas especializados.

Tarea 2. Hay que hablar solo. Es una descripción de una fotografía.

Tarea 3. Hay que hablar con el entrevistador. Es una situación simulada, hay que responder o reaccionar a las preguntas del entrevistador. También puedes tener tú la iniciativa.

Consejo. Vuelve a mirar las tablas con la información panorámica de la prueba en la página 5 de ***Crono A2***.

Control de progreso

Como ya sabes, la siguiente tabla sirve para reflexionar sobre cómo has hecho esta prueba del examen y mejorar en el próximo modelo de examen.

Escucha tu presentación y tus respuestas y completa con ✕ la siguiente tabla.

Prueba n.º 4

¿Cómo ha ido esta prueba de examen?	Tarea 1	Tarea 2	Tarea 3
1. En general, se entiende bien lo que quiero decir.			
2. Doy suficiente información para responder a las preguntas.			
3. Mis respuestas demuestran que entiendo las preguntas.			
4. Mis expresiones son sencillas, pero suficientes.			
5. Cometo algunos errores básicos.			
6. Organizo bien las frases y las ideas.			
7. Tengo una pronunciación clara y comprensible.			
8. Hago demasiadas pausas o son demasiado largas.			
9. Uso palabras de mi lengua o de otras lenguas.			
10. Repito demasiadas palabras y expresiones, algunas frases las he aprendido de memoria y las repito.			
11. Dificultad general de la tarea (de 1 a 5).			
12. Nivel de estrés de la prueba (alto/medio/medio bajo/bajo).	....		

Marca en esta línea qué **sensación de control** tienes de esta prueba.

Mínimo control 1 ☐ 2 ☐ 3 ☐ 4 ☐ 5 ☐ 6 ☐ 7 ☐ 8 ☐ 9 ☐ 10 ☐ **Máximo control**

¿Cómo explicas esos resultados? ¿Cómo puedes mejorar? Escribe tu comentario, en español o en tu lengua.

....

....

....

Modelo de examen n.º 4

Gestión del examen: Prueba n.º 1

Tarea previa

1 y 2. **Fragmento 1.*** Tarea n.º 1, Opción n.º 3; **Fragmento 2.** Tarea n.º 4, Opción n.º 2; **Fragmento 3.** Tarea n.º 1, Opción extra n.º 5; **Fragmento 4.** Tarea n.º 3; **Fragmento 5.** Tarea n.º 2, Opción n.º 4; **Fragmento 6.*** Tarea n.º 4, Opción n.º 6; **Fragmento 7.*** Tarea n.º 2; **Fragmento 8.** Tarea n.º 2, Opción n.º 8; **Fragmento 9.** Tarea n.º 4, Opción n.º 1; **Fragmento 10.** Tarea n.º 3, Opción n.º 11; **Fragmento 11.** Tarea n.º 1; **Fragmento 12.*** Tarea n.º 1, Opción n.º 10; **Fragmento 13.*** Tarea n.º 1, Opción n.º 9; **Fragmento 14.** Tarea n.º 1; **Fragmento 15.** Tarea n.º 2; **Fragmento 16.** Tarea n.º 4; **Fragmento 17.*** Tarea n.º 3; **Fragmento 18.** Tarea n.º 3, Opción n.º 7; **Fragmento 19.** Tarea n.º 4; **Fragmento 20.*** Tarea n.º 2, Opción n.º 12.

***Fuente: Instituto Cervantes**

Para corregir las preguntas que has escrito, tienes que contactar con un profesor de español que conozca bien el examen DELE A2.

Comentario. El objetivo del examen es conseguir el APTO. Para eso, hay que tener suficientes respuestas correctas. Los textos pueden ser más o menos interesantes, pero lo importante es encontrar el fragmento que corresponde a la pregunta y seleccionar la opción correcta. Es decir, en primer lugar tienes que buscar en el texto ese fragmento y después comparar el fragmento con la pregunta y sus opciones. Para eso lo mejor es **leer siempre primero las preguntas** y después leer el texto. Tu forma de leer debe ser como un escáner. Si te acostumbras a leer de esa manera, puedes hacer las tareas más rápidamente y con menos esfuerzo. El examen dura muchas horas, es importante administrar bien la energía para tener todo el tiempo suficiente concentración, en especial durante la prueba 2.

Claves de la prueba n.º 1

Además de las claves, tienes un comentario que te explica por qué no son correctas las otras opciones.

Tarea	Clave	Comentario
Tarea 1	**1. B**	*Quería confirmarte que la boda es el 25 y no el 22, como te dije al principio.* La opción A no es correcta porque el hermano ya sabe que Estrella se casa. La opción C tampoco, es verdad que habla de los padres de Alberto, pero ese no es el motivo del correo.
	2. A	*... para hablar contigo, pero en la oficina había mucho que hacer y siempre llegaba muy cansada a casa.* La opción B no es correcta porque es la pareja de Juan, Alejandra, quien ha estado de viaje. La C tampoco porque dice: "siempre llegaba muy cansada".
	3. C	*... ¿Qué tal Alejandra? ... si no recuerdo mal, se iba por cinco días, ¿no?* La opción A no es correcta porque en el texto dice Estrella: "qué pena que no has ido tú". La B tampoco porque ha ido por trabajo, en un "viaje de negocios".
	4. B	*Parece que el padre va a ir solo a la iglesia y no se va a quedar al banquete...* La opción A no es correcta porque la reunión es "al día siguiente". La C tampoco porque los padres de Alberto no quieren verse, el padre estará por la mañana y la madre por la tarde.
	5. C	*¿Puedes llamarle y preguntarle si puede hacernos las fotos?* La opción A no es correcta porque dice en el texto: "aunque no es profesional". La B tampoco porque Estrella manda la invitación a Juan, no a su amigo: "Te adjunto con este correo la invitación..."

Tarea	Clave	Comentario
Tarea 2	**6. B**	*... de 19:15 a 22:15.* La opción A no es correcta porque solo la prueba de clase es gratis. La C tampoco porque las clases son "una vez/semana", es decir, una vez por semana.
	7. C	*De lunes a jueves ... y viernes ...* La opción A no es correcta porque el programa es un concurso, no de deportes. La B tampoco porque la cadena no participa en su propio concurso, busca participantes; es decir, otras personas para participar en el concurso.
	8. B	*... estáis todos invitados ... para hablar en ingles y en español.* La opción A no es correcta porque no se habla de mujeres de habla inglesa, se habla del idioma inglés en general: "hablar en inglés y en español". La C tampoco porque Ventas es el nombre de una estación de metro.
	9. A	*... busca a personas que quieran divertirse...* La opción B no es correcta porque las actividades las proponen las personas que responden al foro: "todo aquello que tú nos quieras proponer". La C tampoco porque se trata de un único foro.
	10. C	*... concurso ... para chicos/as de entre 14 y 26 años...* La opción A no es correcta porque cinco son las fotografías que hay que enviar. La B tampoco porque las nuevas tecnologías son el tema de las fotografías.

	11. B	*... una hora a la semana.* La opción A no es correcta porque el anuncio dice: "individual o en grupos". La C tampoco porque las clases son: "Para principiante o avanzado...".
	12. C	*La empresa se reserva el derecho de admisión.* La opción A no es correcta porque "no se responsabiliza de objetos perdidos" significa que no es responsable, y por eso no los busca. La B tampoco porque es una acción que no se puede hacer, está "prohibido".
	13. A	*Natural de Camaná. Edad: 74 años aproximadamente.* La opción B no es correcta porque dice: "buscamos a Nestor Carazas". La C tampoco porque es la nieta de Néstor quien lo busca: "lo busca su nieta".

Tarea 3	**14.** A	*Llegó hace un año de Puebla, México.* La opción B no es correcta porque Yoselin llegó "hace cinco años". La C tampoco porque el texto no dice cuándo llegaron Maya y Majd.
	15. B	*Aunque acceder a la educación superior no fue nada fácil, esta joven logró hacerlo con el apoyo ... de sus profesores...* La opción A no es correcta porque Elizabeth tiene 17 años, todavía no estudia una carrera. La C tampoco por la misma razón, son muy jóvenes.
	16. C	*Además, hoy tienen la posibilidad de acceder a beneficios como "Me conecto para aprender", un programa estatal que...* La opciones A y B no son correctas porque en sus textos no se habla del Estado chileno.
	17. A	*... extraña México y a su familia...* Las opciones B y C no son correctas porque no se habla de sus emociones en relación con su país de origen.
	18. C	*Han estado en diversas partes del mundo, pero ahora, finalmente, viven tranquilos en Quilicura, Chile...* La opción A no es correcta porque Elisabeth "Llegó ... de Puebla, México", su país. La B tampoco porque no se dice de dónde llegó.
	19. B	*... creyeron completamente en ella y en su talento.* Las opciones A y C no son correctas porque los textos no hablan de este tema.

Tarea 4	**20.** B	*... los siete años que viajó por todo el mundo como azafata de vuelo.* La opción A no es correcta porque no se trata de una agencia de viajes, sino de una página web. La C tampoco porque lo novedoso es el intercambio, no el tipo de alojamiento.
	21. C	*... como azafata de vuelo hizo numerosos contactos, personas que estaban interesadas en probar esta forma de viajar.* La opción A no es correcta, el texto usa muchas veces el verbo *intercambiar*. La B tampoco porque lo que se intercambia es la vivienda, no las ideas.
	22. A	*Durante los últimos cuatro años ha vivido en Nueva York, y es allí, precisamente, donde comenzó el proyecto...* La opción B no es correcta porque la película ayudó al proyecto; es decir, fue posterior a la idea. La C tampoco porque en Alemania estudió antes de vivir en los EE. UU.
	23. B	*EE. UU. es el país con mayor cantidad de miembros.* La opción A no es correcta porque de los españoles dice solo sus preferencias: "prefieren intercambiar sus casas...". La C tampoco porque las grandes ciudades son las preferencias de los españoles: "... con residentes en grandes capitales".
	24. A	*Los interesados registran su casa y desde ese momento...* La opción B no es correcta porque el primer paso es registrarse, no proponer su casa. La C tampoco porque el contrato se firma después de comunicarse con la persona interesada.
	25. B	*... el respeto mutuo es la clave de todo.* La opción A no es correcta porque la novedad de la idea es una opinión de otras personas: "les pareció un concepto novedoso...". La C tampoco porque no habla del precio.

Control de progreso

No olvides completar la tabla antes de pasar a la siguiente prueba.

Prueba n.º 1

¿Cómo ha ido esta prueba de examen?	Tarea 1	Tarea 2	Tarea 3	Tarea 4
1. Tiempo de cada tarea.				
2. Resultados correctos.				
3. Estoy acostumbrado/a a este tipo de textos.				
4. Estoy acostumbrado/a a este tipo de tareas.				
5. No he tenido problemas con el vocabulario.				
6. Conocía el tema de los textos.				
7. He localizado la información en el texto.				
8. La gramática de los textos no era difícil.				
9. No he perdido tiempo releyendo.				
10. Dificultad general de la tarea (de 1 a 5).				
11. Nivel de estrés de la prueba (alto/medio/medio bajo/bajo)	....			

Marca en esta línea qué **sensación de control** tienes de esta prueba.

Mínimo control 1☐ 2☐ 3☐ 4☐ 5☐ 6☐ 7☐ 8☐ 9☐ 10☐ **Máximo control**

¿Por qué has conseguido esos resultados? ¿Cómo puedes mejorar? Escribe tu comentario, en español o en tu lengua.

....

....

Antes de continuar, escribe en tu lengua, en la sección de **vocabulario** de esta prueba, el significado de las palabras seleccionadas.

Con EXTENSIÓN DIGITAL En el espacio virtual de ***Crono A2***, tienes actividades para mejorar tus resultados en esta prueba. https:\\eleteca.edinumen.es

Gestión del examen: Prueba n.º 2

Tarea previa

1. y 2. **Fragmento 1.*** Tarea n.º 1, Opción n.º 6; **Fragmento 2.** Tarea n.º 1; **Fragmento 3.** Tarea n.º 2, Opción n.º 4; **Fragmento 4.** Tarea n.º 4, Opción n.º 9; **Fragmento 5.** Tarea n.º 3, Opción n.º 8; **Fragmento 6.*** Tarea n.º 3, Opción n.º 10; **Fragmento 7.*** Tarea n.º 2, Opción n.º 3; **Fragmento 8.** Tarea n.º 2, Opción n.º 11; **Fragmento 9.** Tarea n.º 3; **Fragmento 10.** Tarea n.º 2, Opción n.º 1; **Fragmento 11.** Tarea n.º 1, Opción n.º 5; **Fragmento 12.*** Tarea n.º 1; **Fragmento 13.*** Tarea n.º 4, Opción n.º 2; **Fragmento 14.** Tarea n.º 3; **Fragmento 15.** Tarea n.º 4; **Fragmento 16.*** Tarea n.º 4; **Fragmento 17.*** Tarea n.º 2, Opción n.º 7; **Fragmento 18.** Tarea n.º 2, Opción n.º 12.

Comentario. En esta prueba es necesario hacer dos cosas al mismo tiempo: leer y escuchar. El objetivo es tener suficientes respuestas correctas. Para eso, necesitas tener la habilidad de reconocer auditivamente el fragmento de la conversación o del anuncio que te ayuda a seleccionar la opción correcta. Tienes que concentrarte mucho y dirigir tu manera de escuchar. Es importante escuchar de una manera activa.

Antes de empezar cada audio y entre los audios, tienes pequeños tiempos para:
- leer las preguntas;
- mirar bien las fotos;
- escribir el nombre de lo que representan las fotos;
- marcar en las preguntas las palabras que crees importantes;
- comparar las opciones.

Durante la audición puedes:
- escribir palabras que se dicen en los audios;
- marcar en las preguntas las palabras realmente importantes.

Una forma de desarrollar esa habilidad es hacer dictados. Puedes hacerlos con los audios de las tareas del examen.

Para corregir las preguntas que has escrito, necesitas la ayuda de un profesor de español que conozca bien el examen DELE A2.

Claves de la prueba n.° 2

Además de las claves, tienes un comentario que te explica por qué no son correctas las otras opciones.

Tarea 1	**1. A**	*- ... me han dicho que es el mejor restaurante vegetariano de la zona...* *- ... Venga, vamos donde tú dices.* La opción B no es correcta porque la mujer no come carne. La C tampoco porque no come pescado, es vegetariana.
	2. A	*- Si quiere, le traigo una infusión de menta y manzanilla...* La opción B no es correcta porque la mujer dice: "yo prefiero solo un café". La C tampoco porque la mujer no va a desayunar.
	3. A	*- ... La calefacción está al lado de una ventana, pero es otra... Se está bien, ya verás...* La opción B no es correcta porque el padre no quiere sentarse junto a la ventana y la C tampoco porque no hay sitio cerca de la chimenea.
	4. C	*- ... me apetece el pescado con verduras.* La opción A no es correcta porque el cliente pregunta por un plato de carne, pero no lo pide finalmente. La B tampoco porque solo muestra verduras y él las quiere, pero con el pescado.
	5. A	*- Pues estaba todo muy bueno, sobre todo la hamburguesa...* La opción B no es correcta porque el hombre ha tomado sopa: "la sopa no me ha gustado nada". La C tampoco porque ninguno ha comido paella, aunque el hombre dice que la probará la próxima vez.
	6. B	*- Pues no, me quedo con el arroz, va mejor con el pescado...* La opción A no es correcta porque dice el camarero:"a esta hora ya no queda ensaladilla". La C tampoco porque la ensalada lleva pollo.

Tarea 2	**7. A**	*... servicio de día y de noche...* La opción B no es correcta porque no habla de la forma de pagar. La C tampoco porque habla en general de "personal con experiencia".
	8. B	*... a partir del 15 de mayo en tu quiosco.* La opción A no es correcta porque es posible comprar el DVD por solo 9.95 € más. La C tampoco porque no compara el precio de la revista con precios anteriores.
	9. B	*Solo para adultos.* La opción A no es correcta porque es para personas que "acaban de mudarse", es decir, llevan poco tiempo en la ciudad. La C tampoco porque es para personas que no conocen a mucha gente "pero les gustaría".
	10. A	*... en concierto el próximo día 24 ... Puedes comprarlas ... el día del concierto...* La opción B no es correcta porque hay que comprar las entradas. La C tampoco, se pueden comprar las entradas "directamente en la taquilla", es decir, en la misma sala de conciertos.
	11. C	*... el popular escritor Morgan Flores, invitado especial para firmar sus libros.* La opción A no es correcta porque el teatro es en otro lugar, "fuera de la Feria". La B tampoco porque el anuncio dice los horarios de las actuaciones, no los de la Feria.
	12. B	*Hotel de tres estrellas en media pensión.* La opción A no es correcta porque el anuncio solo habla de adultos. La C tampoco porque el régimen de media pensión incluye comida.

Tarea 3	**13. B**	- Sara: *... es más rápido y más barato...* La opción A no es correcta porque Carlos parece que usa habitualmente el metro y no habla del precio.
	14. A	- Carlos: *... voy a casa de Fernando ... Ahora vive muy cerca de aquí...* La opción B no es correcta porque Fernando es amigo de Carlos, aunque parece que Sara lo conoce. La palabra *su* se refiere a Carlos, aunque podría referirse a los dos.
	15. C	- Carlos: *... estuve en Canarias, en la playa, con Fernando...* La opción A no es correcta porque Carlos ya estuvo en las Canarias. La B tampoco porque Sara no habla de sus planes de viajes futuros.
	16. B	- Sara: *... voy mucho a la montaña, pero a esquiar, sobre todo a los Pirineos...* La opción A no es correcta porque Carlos esquía, pero no habla de los Pirineos.
	17. C	- Sara: *Que Luisa se casa con un americano y se va a vivir con él a los Estados Unidos.* Las opciones A y B no son correctas porque es Luisa, la amiga de Sara, quien se va al extranjero, a los Estados Unidos.
	18. B	- Carlos: *Pues Italia es muy bonita, podemos ir juntos en las próximas vacaciones, ¿qué te parece?* - Sara: *¡Ah! Muy buena idea.* La opción A no es correcta porque Carlos es quien hace la propuesta.

Tarea 4		
	19. E	*... así que no me esperes para cenar, ¿vale?* El mensaje 1 es el único en el que se habla de la cena y es el único informal.
	20. D	*Para escuchar sus mensajes, marque ... marque ... marque...* El mensaje 2 es el único que habla de mensajes y los mensajes son algo que recibimos en el móvil. El enunciado H también está relacionado con instrucciones de móvil, pero no se pronuncia el número 7.
	21. J	*... nuestro establecimiento cierra a las 21:30 horas...* Los mensajes 3 y 6 hablan de horarios, pero el 6 habla de una situación futura: "el próximo martes a las 12:00 horas". El enunciado G se relaciona con centros comerciales, pero no habla de horarios.
	22. A	*Señores pasajeros del vuelo 3087...* El mensaje 4 es el único que tiene palabras relacionadas con el aeropuerto: *pasajeros, vuelo, puerta (de embarque).*
	23. I	*... vengan a recogerla: la guardería...* El mensaje 5 es el único que habla de una niña, se llama Margarita Ríos y sabemos que es una niña por la palabra *guardería*.
	24. B	*... Usted tiene una cita ... Por favor, llámenos para confirmarla. Gracias.* El mensaje 6 usa el verbo *llamar*, como en el enunciado, en imperativo, y el verbo *confirmar*. La palabra *hora* del enunciado se refiere a la palabra *cita* del mensaje.
	25. C	*Si no le viene bien hoy, también puede venir otro día, esta semana abrimos todos los días.* Los mensajes 6 y 7 hablan de citas, pero solo el mensaje 7 da opciones.

Control de progreso

No olvides completar la tabla antes de pasar a la siguiente prueba.

Prueba n.º 2 — **¿Cómo ha ido esta prueba de examen?**	Tarea 1	Tarea 2	Tarea 3	Tarea 4
1. Resultados correctos.				
2. Estoy acostumbrado/a a este tipo de audios.				
3. Estoy acostumbrado/a a este tipo de tareas.				
4. No he tenido problemas con el vocabulario.				
5. Conocía el tema de los audios.				
6. He identificado la información en el texto.				
7. La gramática de los audios no era difícil.				
8. No he perdido el hilo.				
9. Dificultad general de la tarea (de 1 a 5).				
10. Nivel de estrés de la prueba (alto/medio/medio bajo/bajo).	....			

Marca en esta línea qué **sensación de control** tienes de esta prueba.

Mínimo control ← 1 ☐ 2 ☐ 3 ☐ 4 ☐ 5 ☐ 6 ☐ 7 ☐ 8 ☐ 9 ☐ 10 ☐ → **Máximo control**

¿Cómo explicas esos resultados? ¿Cómo puedes mejorar? Escribe tu comentario, en español o en tu lengua.

....

....

....

Antes de continuar, escribe en tu lengua en la sección de **vocabulario** de esta prueba, el significado de las palabras seleccionadas de las transcripciones.

Gestión del examen: Prueba n.º 3

Tarea previa

1. **Mensaje 1.** sí; **Mensaje 2.** no, **Comentario.** El mensaje es de estilo formal y de tema empresarial. No es del nivel A2; **Mensaje 3.** sí; **Mensaje 4.** no, **Comentario.** El mensaje no pide nada, no hay que responder. No tiene saludo ni despedida.

2. **Instrucción 1.*** Tarea n.º 1, corresponde al mensaje n.º 0; **Instrucción 2.** Tarea n.º 1, corresponde al mensaje n.º 1; **Instrucción 3.** Tarea n.º 1, corresponde al mensaje n.º 3; **Instrucción 4.** Tarea n.º 2, opción 2; **Instrucción 5.** Tarea n.º 2, opción 1; **Instrucción 6.** Tarea n.º 2, opción 2; **Instrucción 7.*** Tarea n.º 2, opción 2; **Instrucción 8.*** Tarea n.º 2, opción 1.

***Fuente: Instituto Cervantes**

Consejo. Escribe textos para esas instrucciones.

Comentarios

Seguir todas las pautas de las instrucciones.

Los examinadores de esta prueba tienen un documento con criterios para evaluar cada texto. Siguen básicamente dos criterios: si el texto está bien escrito y si el texto cumple todas las instrucciones. Es decir, la mitad de la nota depende de cumplir las instrucciones. Por eso es **importantísimo** hacerlo. En los próximos modelos de examen vamos a trabajar con el primer criterio: escribir buenos textos, en este modelo debes concentrarte en evaluar si has seguido todas las pautas.

La tabla de **Control de progreso** tiene frases parecidas a las que usan los examinadores para evaluar la prueba 3. Con esa tabla puedes evaluar tus textos más o menos como lo hace el examinador de esta prueba.

Elección de la opción en la tarea 2.

Es una elección personal. Cada tarea tiene características diferentes. Las fotos de la opción 2 limitan más el texto que la situación de la opción 1. La opción 1 tiene más pautas que la opción 2. Cada candidato tiene criterios diferentes. Lo importante es:

- saber las diferencias entre las dos opciones;
- saber qué tipo de texto escribes mejor;
- saber con claridad qué criterios tienes para seleccionar la opción.

Lo mismo se puede decir respecto a la prueba 4. Lo vamos a ver más adelante.

Claves de la prueba n.º 3

Atención, estos textos son solo una propuesta. Hay muchas opciones correctas.

Tarea 1

Hola, Alejandra.

¿Qué tal estás? Me alegro de tu mensaje, hace tiempo que no nos vemos, ¿no?

Tienes razón, me encanta el arte surrealista, la última exposición fue hace mucho tiempo, por eso me gusta mucho tu propuesta y la acepto encantado. ¿Qué te parece si vamos el sábado por la mañana?

¿Qué haces ahora? ¿Aún trabajas en esa empresa? ¿Qué tal tus hijos?

Espero tu mensaje.

Saludos

68 palabras

Tarea 2, opción 1

Hace nueve años nació la primera hija de mi amiga Esther. Mi amiga no está casada y tuvo ella sola a su hija. Los amigos la ayudamos desde entonces. Hicimos una pequeña fiesta en su casa, vinieron sus padres, los abuelos y su hermano Pablo. Yo le regalé una bañera para bebés, le gustó mucho. Mantiene el agua caliente. Mi novia le regaló un armario para la ropa de Beatriz, así se llama la niña. Se llama igual que su abuela.

81 palabras

Tarea 2, opción 2

El sábado pasado se casaron mis amigos Antonio y Carmen. Se conocieron en mi casa, yo los presenté, por eso he sido uno de los testigos. Antes vivían separados, cada uno en su piso, aunque se veían casi todos los días. Van a empezar a vivir juntos en el piso de ella cuando vuelvan, yo creo que todo va a ir bien. Hoy están en Londres de viaje de novios, mañana van a París y el jueves volverán a Berlín. Estoy muy contento con su boda.

85 palabras

Control de progreso

No olvides completar la tabla antes de pasar a la siguiente prueba. Atención: esta tabla es diferente de las anteriores, las frases son como las que usan los examinadores de esta prueba.

Prueba n.º 3

¿Cómo ha ido esta prueba de examen?	Tarea 1	Tarea 2 Opción: ....
1. Tiempo de cada tarea.		
2. He seguido todas las pautas de las instrucciones.		
3. Doy más información de la que me piden las instrucciones.		
4. He escrito opiniones, valoraciones o argumentos.		
5. No he cometido errores de gramática o de vocabulario importantes.*		
6. He escrito un texto claro, ordenado y con frases bien relacionadas.		
7. He tenido suficientes ideas para escribir.		
8. Dificultad general de la tarea (de 1 a 5).		
9. Nivel de estrés de la prueba (alto/medio/medio bajo/bajo).	....	

* En la página 8 de ***Crono A2*** tienes un resumen de contenidos del nivel A2 para evaluar las pruebas 1 y 2.

Marca en esta línea qué **sensación de control** tienes de esta prueba.

Mínimo control 1 ☐ 2 ☐ 3 ☐ 4 ☐ 5 ☐ 6 ☐ 7 ☐ 8 ☐ 9 ☐ 10 ☐ **Máximo control**

¿Por qué has conseguido esos resultados? ¿Cómo puedes mejorar? Escribe tu comentario, en español o en tu lengua.

....

....

....

Gestión del examen: Prueba n.º 4

Tarea previa

1. 1. D; **2.** B; **3.** A; **4.** F; **5.** E; **6.** J; **7.** G; **8.** H.

Comentario. Seguir todas las pautas de las instrucciones.

Observa este dibujo, puedes reconocer a las tres personas que hay en la sala de examen.

Los examinadores de la prueba 4 están contigo en la sala. Los dos tienen un documento con criterios para evaluar la entrevista (no todo lo que dices, las preguntas iniciales no se evalúan). Siguen los mismos dos criterios de la prueba 3: si organizas bien la información, si cometes más o menos errores, si describes bien, si usas bien los tiempos del pasado, si relacionas gramaticalmente sustantivos y adjetivos, etc., y si cumples todas las instrucciones. Es decir, **la mitad de la nota de la prueba oral** también depende de cumplir las instrucciones. Por eso es importantísimo cumplirlas. Y para eso, tienes que preparar bien todas las pautas de las tareas 1 y 2.

Las preguntas grabadas de este modelo buscan este objetivo. En el examen, el examinador al principio no te pregunta por los puntos uno a uno, pero luego te puede preguntar por lo que no has dicho. Sus preguntas no son un signo de que no lo has hecho bien, pero debes dar toda la información que te piden antes, es lo importante.

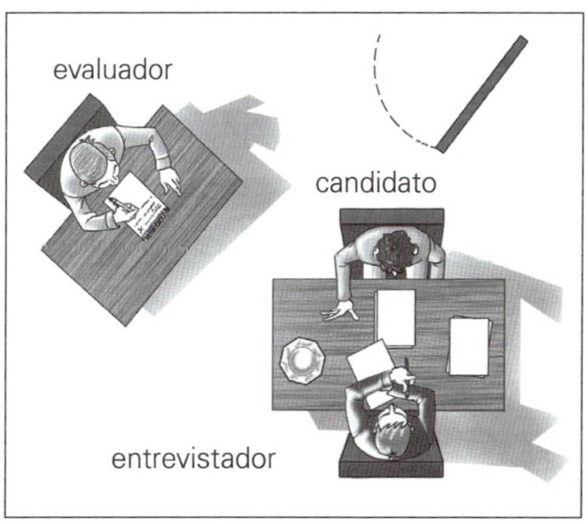

Es muy bueno dar un poco más de información, siempre después de hacer lo que te pide la tarea. En ese sentido, es importante tener iniciativa, es decir, no esperar a las preguntas del examinador.

Control de progreso

Como en la prueba 3, la tabla de Control de progreso de esta prueba 4 tiene frases parecidas a las que usan los examinadores. Con esa tabla puedes evaluar tus monólogos y respuestas más o menos como lo hace el examinador durante la entrevista.

Escucha tu presentación y tus respuestas y completa con ✕ la siguiente tabla.

Prueba n.º 4

¿Cómo ha ido esta prueba de examen?	Tarea 1	Tarea 2	Tarea 3
1. He hablado de todos los puntos de la tarea.			
2. Doy un poco más de información de la que se pide.			
3. Hago comentarios y valoraciones, opino o argumento.			
4. No he cometido errores de gramática o de vocabulario importantes.*			
5. He hablado con frases claras y bien relacionadas.			
6. No me he bloqueado, no he hecho pausas innecesarias.			
7. Tengo acento en la pronunciación, pero se entiende lo que digo.			
8. He seguido el esquema que he preparado.			
9. He tenido suficientes ideas.			
10. He podido improvisar bien cuando lo he necesitado.			
11. Dificultad general de la tarea (de 1 a 5).			
12. Nivel de estrés de la prueba (alto/medio/medio bajo/bajo).	....		

* En la página 8 de ***Crono A2*** tienes un resumen de contenidos del nivel A2 para evaluar las pruebas 1 y 2.

Marca en esta línea qué **sensación de control** tienes de esta prueba.

Mínimo control 1☐ 2☐ 3☐ 4☐ 5☐ 6☐ 7☐ 8☐ 9☐ 10☐ **Máximo control**

¿Por qué has conseguido esos resultados? ¿Cómo puedes mejorar? Escribe tu comentario, en español o en tu lengua.

....

....

....

Modelo de examen n.º 5

Gestión del examen: Prueba n.º 1

Tarea previa

1. **Tarea 1: 1.*** sí; **2.** sí; **3.** sí; **4.*** no; **5.** no; **6.** sí; **7.*** no; **8.** sí; **Tarea 2: 1.*** sí; **2.** sí; **3.*** no; **4.** sí; **5.** no; **6.*** no; **7.** sí; **8.** sí; **Tarea 4: 1.*** no; **2.** sí; **3.** sí; **4.*** no; **5.** no; **6.*** sí.

***Fuente: Instituto Cervantes**

Comentarios

- El **vocabulario** es una de las claves principales de todas las pruebas del examen. A veces, en la pregunta hay un sinónimo o una palabra contraria de otra palabra que aparece en el texto. Otras veces, la opción correcta es una interpretación de una o dos palabras del texto. Las palabras o fragmentos pueden estar en distintas partes del texto.
- Es importante saber reconocer la relación entre palabras concretas de los textos, las **palabras clave** (en el modelo 2 hemos visto cómo identificarlas) y palabras de las preguntas (en el modelo 4 hemos visto cómo funcionan las preguntas). No se trata solamente de sinónimos, sino de **palabras equivalentes**. ¿Qué puedes hacer durante el examen? En el modelo de examen n.º 6 vamos a ver algunas **estrategias**.
- Son también importantes las diferencias gramaticales entre el fragmento del texto y las preguntas. También es necesario saber relacionar dos o tres informaciones que están en lugares diferentes del texto, como sucede en las tareas 1 y 4 de este modelo de examen.
- Hay un grupo de palabras básicas del nivel. En ***Crono A2*** tienes, en cada modelo de examen, la lista de palabras importantes que aparecen en los textos y en las audiciones. Trabajar sistemáticamente esas listas es una parte fundamental de la preparación del examen.

Con EXTENSIÓN DIGITAL — En la **ELEteca** tienes un documento con todas las palabras de ***Crono A2*** organizadas por temas.

Claves de la prueba n.º 1

Además de las claves, tienes un comentario que te explica por qué no son correctas las otras opciones.

Tarea 1	**1.** C	*A ver, te escribo porque ... quería saber qué piensas.* La opción A no es correcta porque Luisa quiere ofrecer la habitación a su compañera de trabajo. La B no es correcta porque Alejandro estaba enfermo, no Luisa: "No sé si todavía estás enfermo...".
	2. B	*... una compañera del trabajo que busca una habitación para alquilar ... Antes de ofrecer la que está libre...* La opción A no es correcta porque en el piso viven tres personas: Luisa, Alejandro y Carlos, y hay otra "que está libre", es decir, hay cuatro habitaciones. La C tampoco porque de la mascota se habla en relación con la chica: "Tampoco tiene mascotas".
	3. A	*Ha terminado Empresariales en Granada, pero...* La opción B no es correcta porque solo sabemos que a veces trabaja en la oficina de Luisa: "trabaja con nosotros de vez en cuando...". La C tampoco porque Luisa expresa solo una opinión: "creo que no tiene problemas para pagar el alquiler regularmente".
	4. B	*Acaba de llegar a Tarragona.* La opción A no es correcta porque todos viven en Tarragona, aunque Alejandro es de Zaragoza. La C tampoco porque Alejandro vive con Luisa, no trabaja con ella, por eso Luisa le explica que la chica trabaja con ella de vez en cuando.
	5. A	*He hablado ya con Carlos y él está de acuerdo.* La opción B no es correcta porque Carlos propone quedar el viernes y Luisa no dice que Carlos necesita más información porque: "He hablado ya con Carlos...".

Tarea 2		
	6. C	*... piso nuevo y amueblado...* La opción A no es correcta porque hay distintas habitaciones con precios diferentes. La B tampoco, el anuncio dice: "SOLO CHICAS".
	7. A	*Ofrece: habitación en casa con jardín...* Las opciones B y C no son correctas porque son cosas que se piden, no que se ofrecen.
	8. B	*... busco chica o chico para compartir un piso.* La opción A no es correcta porque la chica es rusa, pero quiere aprender español. La C tampoco porque alquila una habitación, no un piso completo.
	9. B	*... en pensión completa.* La opción A no es correcta porque la residencia es universitaria, pero no se dice que esté cerca de la universidad. La C tampoco, es una residencia, no una pensión.
	10. A	*Buscamos chica vegetariana* La opción B no es correcta porque el anuncio busca lo contrario, "no fumadora". La C tampoco porque no dice nada del tamaño del piso, solo de la habitación: "HABITACIÓN PEQUEÑA".
	11. C	*... para chica (fumadora o no)* La opción A no es correcta porque se ofrece una habitación para vivir, no solo para fumar. La B tampoco, solo dice que las habitaciones son luminosas, no dice si es porque hay muchas ventanas.
	12. C	*... entrada con descuento,...* Las opciones A y B no son correctas porque el local no es apto para fumadores.
	13. A	*... de 10:15 a 12:00 horas ... de 09:00 a 10:00 horas.* La opción B no es correcta porque el miércoles sí pasa consulta, aunque solo una hora. La C tampoco: "el mismo horario" significa el mismo horario que antes del aviso.

Tarea 3		
	14. A	*Tuvimos una sesión de canto de mantras que fue muy bonita.* Las opciones B y C no son correctas porque solo Tatiana habla de música.
	15. A	*... he vuelto con nuevas ideas de platos vegetarianos.* La opción B no es correcta, Marta habla de "alimentación sana" en la casa y de hábitos en general. La C tampoco, Alberto solo habla en general de la comida, "una delicia".
	16. B	*Todos pudimos sentirnos como una gran familia...* Las opciones A y C no son correctas porque no hablan de la relación entre los habitantes de la casa.
	17. C	*¡Qué placer pasear en silencio!* Las opciones A y B no son correctas porque no hablan de paseos ni de excursiones.
	18. B	*Me llevo a casa nuevos hábitos que ya practico en mi vida diaria.* Las opciones A y C no son correctas porque no explican los efectos de la experiencia en lo que hacen en su vida normal.
	19. C	*... he aprendido a tratar temas espirituales...* Las opciones A y B no son correctas porque no hablan de ese tema. Marta habla de paz, pero no como tema de conversación.

Tarea 4		
	20. B	*... importancia histórica ... se consume desde tiempos muy antiguos...* Las opciones A y C no son correctas porque el texto solo al final, y brevemente, describe la situación actual, no los detalles que aparecen las opciones.
	21. A	*... desde tiempos muy antiguos y su fabricación no ha cambiado mucho...* La opción B no es correcta, no habla de los componentes del pan, solo dice que la época de invención de ambos es la misma: "... probablemente se inventó junto con el pan". La C tampoco porque solo en Mesopotamia y Egipto probablemente tenía un significado religioso.
	22. C	*... eran actividades relacionadas con la religión.* La opción A no es correcta porque las mujeres fabricaban la cerveza, el texto no dice que la consumían también. La B tampoco porque, solo a veces, se usaba como medicina, no habitualmente.
	23. B	*Algunos autores latinos pensaban que era una bebida que olía mal...* La opción A no es correcta porque habla solo de "las clases altas y los sacerdotes". La C tampoco porque esa mezcla solo se hacía en Hispania.
	24. C	*... la preferían al agua.* La opción A no es correcta porque el texto dice que los monasterios la fabricaban, no que la consumían. La B tampoco, el pan se usa como metáfora de la cerveza: "pan líquido".
	25. A	*... la bebida más popular en casi todo el mundo.* La opción B no es correcta porque no se habla de ese significado. La C tampoco porque esa ley solo funciona en Alemania.

Control de progreso

No olvides completar la tabla antes de pasar a la siguiente prueba.

Prueba n.º 1 – ¿Cómo ha ido esta prueba de examen?	Tarea 1	Tarea 2	Tarea 3	Tarea 4
1. Tiempo de cada tarea.				
2. Resultados correctos.				
3. Me oriento bien en este tipo de textos.				
4. Ya conozco bien este tipo de tareas.				
5. Identifico rápidamente las palabras clave.				
6. Conozco los temas de los textos y su vocabulario.				
7. Localizo la información en el texto.				
8. Conozco la gramática de los textos.				
9. No pierdo tiempo releyendo.				
10. Dificultad general de la tarea (de 1 a 5).				
11. Nivel de estrés de la prueba (alto/medio/medio bajo/bajo).	....			

Marca en esta línea qué **sensación de control** tienes de esta prueba.

Mínimo control 1 ☐ 2 ☐ 3 ☐ 4 ☐ 5 ☐ 6 ☐ 7 ☐ 8 ☐ 9 ☐ 10 ☐ **Máximo control**

¿Por qué has conseguido esos resultados? ¿Cómo puedes mejorar? Escribe tu comentario, en español o en tu lengua.

....

....

Antes de continuar, escribe en tu lengua, en la sección de **vocabulario** de esta prueba, el significado de las palabras seleccionadas de los textos.

Gestión del examen: Prueba n.º 2

Tarea previa

1. **Tarea 2: 1.*** no; **2.*** no; **3.*** sí; **4.*** no; **5.** sí; **6.** no; **7.** sí; **8.** sí; **9.** sí; **10.** sí; **Tarea 3: 1.*** sí; **2.** no; **3.*** no; **4.*** sí; **5.** no; **6.** sí; **7.** no; **8.** sí; **Tarea 4: 1.*** no; **2.*** sí; **3*.** sí; **4.** sí; **5.** no; **6.** sí; **7.** no; **8.** no.

***Fuente: Instituto Cervantes**

Comentario

Igual que en la prueba 1, en la prueba 2 el **vocabulario** es una de las claves para seleccionar la opción correcta. Tienes que identificar las diferencias entre las palabras auditivamente, y para eso escuchas los audios dos veces y no puedes usar la pausa. ¿Qué puedes hacer? En el siguiente modelo de examen vamos a trabajar algunas **estrategias** para esta y las demás pruebas.

Claves de la prueba n.º 2

Tarea 1		
	1. B	*- ¿Sabes? Este verano voy a ir a un campamento de deportes de aventura.* *- ¿Y crees que aún hay plazas libres? Me gustaría acompañarte.* La opción A no es correcta porque el montañismo es cosa del pasado. La C tampoco porque hablan de un curso de natación que hace la chica, no el chico.
	2. A	*- Mire, es que me duele mucho una muela, esta de aquí, y no puedo comer nada.* La opción B no es correcta porque el hombre solo pregunta si el medicamento va bien para el estómago. La C tampoco, porque el hombre contesta que no le duele la cabeza cuando el farmacéutico le pregunta.
	3. B	*- ... sus medicinas para los huesos de las piernas, siempre se queja de que le duelen.* La opción A no es correcta porque el corazón era el tema del examen. La C tampoco porque la espalda está solo en la pregunta del amigo.
	4. B	*- Está ocupado, tiene una operación en este momento. ¿Qué necesita?* La opción A no es correcta porque la conversación es en la recepción. La C tampoco, no se habla de ambulancias, solo de un accidente.

	5. C	*- Estoy yendo a una piscina, ya sabes que tengo problemas de espalda y nadar me va muy bien.* La opción A no es correcta porque el deporte de remo lo piensa hacer en el futuro. La B tampoco porque la mujer ya no va al gimnasio, el hombre pregunta: "... ya no te veo en el gimnasio, ¿has dejado de ir?".
	6. A	*- ¿En el corazón? ¿Pero no has ido por lo del dolor de cuello?* *- Sí, el cuello también...* La opción B no es correcta porque el problema de corazón lo ha descubierto el médico. La C tampoco porque el problema con los pies tuvo lugar antes: "El mes pasado fuiste por lo de los pies...".

Tarea 2		
	7. A	*... le recomendamos las cadenas Onda Cien y Radio Tierra de Campos para sus anuncios comerciales.* La opción B no es correcta porque no habla de dos programas, sino de dos cadenas de radio. La C tampoco, se habla de "medio de comunicación", no se usa la palabra *expertos* ni ningún sinónimo.
	8. A	*... empieza el lunes un curso especial de cuatro semanas...* La opción B no es correcta porque veinte es el número máximo de personas en el curso de Experto en Radio: veinte plazas. La C tampoco porque el curso de Experto en Radio no empieza el lunes, solo empieza el plazo de inscripción.
	9. B	*Si eres estudiante, tienes entre 18 y 25 años y...* La opción A no es correcta porque ir a la oficina no es una condición para trabajar. La C tampoco porque hay que enviar una foto, no llevarla a la oficina.
	10. B	*... Cercanías de Cataluña te ofrece ahora aire acondicionado en todas sus líneas...* La opción A no es correcta porque las tres líneas ya existen antes del anuncio, no es lo que se ofrece. La C tampoco, hay descuentos "para jóvenes".
	11. A	*... nos va a hablar sobre un plato muy tradicional, el gazpacho ... va a explicar una forma diferente de prepararlo.* La opción B no es correcta porque la persona es invitada del programa. La C tampoco porque Andalucía es la región de origen del plato, no se dice desde dónde va a hablar Roque Villena.
	12. C	*... nosotros vendemos las mejores camas en Triclinio ... Venga a probar también nuestras sillas de oficina...* La opción A no es correcta porque habla de dolores solo para vender camas. La B tampoco, se trata del nombre de la tienda que vende sillas.

Tarea 3		
	13. B	Candidato: *He trabajado ... También trabajé dos meses en ... Las dos veces como dependiente.* La opción A no es correcta porque la jefa es quien pregunta por la experiencia laboral: "... cuéntame un poco qué experiencia tienes".
	14. A	Jefa: *¿Y por qué lo dejaste?* La opción B no es correcta porque el candidato es quien responde.
	15. C	Candidato: *Bueno, ahora mi padre está jubilado y cerró la librería. Me gustaba mucho trabajar allí.* La opción A no es correcta porque la jefa pregunta. La B tampoco, el chico dice lo contrario.
	16. C	Jefa: *... ¿Hablas idiomas?* Candidato: *Un poco de francés.* Jefa: *A veces vienen turistas, tienes que aprender inglés.* La opción A no es correcta porque la jefa pregunta. La B tampoco porque el candidato habla un poco de francés, pero no inglés.
	17. B	Candidato: *¿Tengo que llevar corbata? Con mi padre siempre llevaba.* La A no es correcta, ella solo responde a la pregunta del candidato diciendo que llevará uniforme.
	18. A	Jefa: *Estupendo, entonces te esperamos mi hermano y yo mañana a las ocho y media. Yo me llamo Eulalia.* La opción B no es correcta porque el padre del chico ya no trabaja, está jubilado.

Tarea 4		
	19. C	*Muebles Ochoa ... llámenos para decirnos a qué hora está en casa...* Es el único mensaje que habla de muebles, en concreto una "mesa de cocina que usted eligió...".
	20. H	*Atención, niños ... hacerse una foto con cada uno de vosotros.* Es el único anuncio dirigido a los niños, el resto de anuncios están dirigidos a adultos o a personas concretas con su nombre.
	21. J	*Repito, señora Rodríguez, a la caja número 5...* Es el único mensaje con una instrucción relacionada con la caja, quizá de un supermercado. El mensaje 5 también es una instrucción formal, pero para ir a la recepción.
	22. B	*... es urgente. Anda, llámame, ¿vale?* Hay varios enunciados (A, B, D) y mensajes (n.° 4 y n.° 5) relacionados con llamar por teléfono, pero el B es el correcto porque el mensaje pide que se llame urgentemente.

Tarea 4		
	23. A	*Tiene una llamada urgente del extranjero.* La opción A es la única posible: la B corresponde al mensaje n.º 4, y la D tampoco es posible porque el aviso es urgente.
	24. E	*... departamento de caballero. Pantalones, chaquetas y cinturones de marca un 35 % más barato.* La opción E es la única que habla de ropa, el tema del anuncio.
	25. I	*... he perdido el tren de las seis quince y no llego a tiempo. Diles, por favor, a los de la empresa...* La opción I es la única que tiene los dos elementos del mensaje: está relacionado con el trabajo y la información es que llega tarde porque ha perdido el tren.

Control de progreso

No olvides completar la tabla antes de pasar a la siguiente prueba.

Prueba n.º 2 — ¿Cómo ha ido esta prueba de examen?	Tarea 1	Tarea 2	Tarea 3	Tarea 4
1. Resultados correctos.				
2. Estoy acostumbrado/a a este tipo de audios.				
3. Estoy acostumbrado/a a este tipo de tareas.				
4. No he tenido problemas con el vocabulario.				
5. Conocía el tema de los audios.				
6. He identificado la información en los audios.				
7. La gramática de los audios no era difícil.				
8. Mantengo bien la concentración.				
9. Dificultad general de la tarea (de 1 a 5).				
10. Nivel de estrés de la prueba (alto/medio/medio bajo/bajo).	....			

Marca en esta línea qué **sensación de control** tienes de esta prueba.

Mínimo control 1 ☐ 2 ☐ 3 ☐ 4 ☐ 5 ☐ 6 ☐ 7 ☐ 8 ☐ 9 ☐ 10 ☐ **Máximo control**

¿Por qué has conseguido esos resultados? ¿Cómo puedes mejorar? Escribe tu impresión, en español o en tu lengua.

....

....

....

Antes de continuar, escribe en tu lengua, en la sección de **vocabulario** de esta prueba, el significado de las palabras seleccionadas de las transcripciones.

Gestión del examen: Prueba n.º 3

Tarea previa

1. **1*.** Tarea 1; **2*.** Tarea 2, opción 1; **3*.** Tarea 2, opción 2; **4.** Tarea 2, opción 1; **5.** Tarea 2, opción 1; **6.** Tarea 2, opción 2; **8.** Tarea 1; **10.** Tarea 1; **11.** Tarea 2, opción 1; **13.** Tarea 2, opción 2; **14.** Tarea 2, opción 2; **15.** Tarea 2, opción 2; **16.** Tarea 1; **18.** Tarea 2, opción 1; **19.** Tarea 1; **20.** Tarea 1.

***Fuente: Instituto Cervantes**

2.

Palabras	Tema
1.	1
2.	5
3.	2, 4
4.	8
5.	1
6.	8
7.	2
8.	5
9.	2
10.	5
11.	2
12.	5
13.	1
14.	8

Palabras	Tema
15.	2, 4
16.	11
17.	2
18.	5, 16
19.	3, 6
20.	8
21.	1
22.	8
23.	4
24.	11
25.	4
26.	11
27.	3, 6
28.	11

Palabras	Tema
29.	3, 6
30.	15
31.	3, 6
32.	16
33.	5
34.	16
35.	5
36.	15
37.	4
38.	4, 15
39.	3, 6
40.	18
41.	3, 6
42.	4, 15

Palabras	Tema
43.	3, 6
44.	18
45.	5
46.	18
47.	5
48.	2, 4, 18
49.	4
50.	4, 18
51.	5
52.	18
53.	5, 18
54.	11

Comentarios

El vocabulario es una parte importante de esta prueba, pero no tanto como en las pruebas 1 y 2. Hay otros elementos que usan los examinadores para evaluar tus textos: la gramática, la estructura y el sentido del texto. En el próximo modelo de examen veremos textos que tienen errores de esos tipos.

La tarea 1 no tiene propiamente un tema de vocabulario, sino una situación a la que hay que reaccionar. Hay algunas palabras propias de esa situación. La tarea 2 sí propone temas concretos. La diferencia está entre las opciones, que proponen dos tipos de texto que hay que escribir, ese aspecto ya lo hemos visto en el modelo 2. En la opción 2 de la tarea 2, el vocabulario necesario depende no solo del tema, sino también de las fotografías que pueden aparecer, que están relacionadas con la situación.

Consejo

Aprovecha las listas de vocabulario de las pruebas 1 y 2 para escribir los textos de la prueba 3. Muchas de estas palabras son útiles también en la **prueba 4**.

Con EXTENSIÓN DIGITAL Recuerda que en la **ELETECA** tienes un documento con todo el vocabulario del manual ***Crono A2***, organizado por temas: https://eleteca.edinumen.es

Claves de la prueba n.° 3

Estos textos son solo una propuesta. Hay muchas opciones correctas.

Tarea 1

Hola, Roberto.

¿Cómo estás? La idea de dar clases online *creo que es buena. Yo no lo he hecho nunca, pero Nacho, mi hermano, ha dado clases de inglés con un americano que vive en Alaska. ¡Muy interesante! Podía aprender cosas de Alaska ¡y verlas en pantalla! Aprendió mucho inglés y ahora habla con un acento muy bueno.*

En resumen, creo que es una buena idea. ¿Qué idioma quieres aprender? ¿Quieres gastar mucho dinero?

Espero tu mensaje.

Saludos,

Luis

79 palabras

Tarea 2, opción 1

El sábado pasado fui de compras a un centro comercial nuevo que han abierto. Quería ir con una amiga, pero fui solo. Había mucha gente porque era el primer día. Al principio todo estaba bien, pero a las dos horas me cansé y me fui; no compré nada, aunque me probé mucha ropa. No fui a comprar, solo a pasear y conocer el nuevo centro comercial. Normalmente no compro mucho en los centros comerciales, prefiero las tiendas pequeñas de las calles comerciales de mi ciudad.

85 palabras

Tarea 2, opción 2

Ayer fue otra vez un día estresante. Por la mañana tuve que ir al aeropuerto a recoger a dos clientes y llevarlos al hotel. Son marido y mujer y siempre viajan los dos. La reunión fue más tarde y fue bastante bien. Lo malo es que después los tuve que acompañar a la catedral y a mí no me interesa la religión. También fuimos a comer juntos a las 14:00. Después de la sobremesa, los llevé al hotel y yo volví a casa. A las ocho quedé con Andrea para tomar una copa.

94 palabras

Control de progreso

Recuerda que con esta tabla puedes evaluar tus textos con los mismos criterios que los examinadores. El objetivo es poner una ✕ en todos los espacios.

Prueba n.º 3

¿Cómo ha ido esta prueba de examen?	Tarea 1	Tarea 2 Opción: ....
1. Tiempo de cada tarea.		
2. He seguido todas las pautas de las instrucciones.		
3. Doy más información de la que me piden las instrucciones.		
4. He escrito opiniones, valoraciones o argumentos.		
5. No he cometido errores de gramática o de vocabulario importantes.*		
6. He escrito un texto claro, ordenado y con frases bien relacionadas.		
7. He tenido suficientes ideas para escribir.		
8. No he perdido tanto tiempo reescribiendo.		
9. Dificultad general de la tarea (de 1 a 5).		
10. Nivel de estrés de la prueba (alto/medio/medio bajo/bajo).	....	

* En la página 8 de ***Crono A2*** tienes un resumen de contenidos del nivel A2 para evaluar las pruebas 1 y 2.

Marca en esta línea qué **sensación de control** tienes de esta prueba.

Mínimo control 1 ☐ 2 ☐ 3 ☐ 4 ☐ 5 ☐ 6 ☐ 7 ☐ 8 ☐ 9 ☐ 10 ☐ **Máximo control**

¿Por qué has conseguido esos resultados? ¿Cómo puedes mejorar? Escribe tu comentario, en español o en tu lengua.

....

....

....

Gestión del examen: Prueba n.º 4

Tarea previa

1. Todos los temas pueden aparecer en todas las tareas.

Comentario

Observa las expresiones que utiliza el Instituto Cervantes: "aspectos y experiencias de su vida cotidiana" (tarea 1); "aspectos de tipo práctico: compras, uso de medios de transporte, etc." (tarea 2); "necesidades de supervivencia básica; o en conversaciones informales, sobre actividades cotidianas, tiempo libre, trabajo, gustos e intereses" (tarea 3). Todas tienen algo en común: hablan de la vida cotidiana, de acciones diarias, de lo que te pasa normalmente en la vida. No hay una relación directa entre tareas y temas.

La principal diferencia entre las tareas no es el tema, sino el tipo de tarea, lo hemos trabajado en el modelo de examen n.º 3. Podemos imaginar tres tareas diferentes con el mismo tema: hablar en un monólogo sobre una fiesta familiar, describir una fotografía en la que aparece una fiesta familiar, organizar con el entrevistador una fiesta familiar. En la práctica, las tareas 1 y 2 tienen **siempre** temas diferentes.

Documento de especificaciones de examen del DELE A2

2. **Intrusos. Tema 1:** *comprar las entradas, ciencia ficción* (ir al cine); **Tema 2:** *disfrazarse de* (una fiesta familiar); **Tema 3:** actuar, *director* (ir al cine); **Tema 4:** *cocinar* (una fiesta familiar); **Tema 5:** *carne* (ir al supermercado); *retraso* (hacer un viaje); **Tema 6:** *recepcionista* (en un hotel); *perder las maletas* (hacer un viaje).

Consejo. Haz tu propia lista de cada tema con palabras nuevas. Observa que hay verbos con sustantivos como "hacer una reserva", "comprar las entradas", etc. Haz una lista de palabras de los otros temas de la primera actividad.

Hacer estas listas es la principal acción durante **la preparación** de la entrevista. Observa que en la tabla de control tienes una línea sobre este tema. A partir de este modelo, prepara siempre listas de palabras de los dos temas y concéntrate en usarlas durante la entrevista.

Control de progreso

Recuerda que con esta tabla puedes evaluar tus textos con los mismos criterios que los examinadores. El objetivo es poner una ✕ en todos los espacios.

Escucha tu presentación y tus respuestas y completa con ✕ la siguiente tabla.

Prueba n.º 4

¿Cómo ha ido esta prueba de examen?	Tarea 1	Tarea 2	Tarea 3
1. He hablado de todos los puntos de la tarea.			
2. Doy un poco más de información de la que se pide.			
3. Hago comentarios, valoraciones, opino o argumento.			
4. No he cometido errores de gramática o de vocabulario importantes.*			
5. No he usado palabras de mi lengua o de lenguas diferentes al español.			
6. He hablado con frases claras y bien relacionadas.			
7. No me he bloqueado, no he hecho pausas innecesarias.			
8. Tengo acento, pero se entiende bien lo que digo.			
9. He usado las palabras que he preparado.			
10. He tenido suficientes ideas.			
11. He podido improvisar bien cuando lo he necesitado.			
12. Dificultad general de la tarea (de 1 a 5).			
13. Nivel de estrés de la prueba (alto/medio/medio bajo/bajo).	....		

* En la página 8 de ***Crono A2*** tienes un resumen de contenidos del nivel A2 para evaluar las pruebas 3 y 4.

Marca en esta línea qué **sensación de control** tienes de esta prueba.

Mínimo control 1 ☐ 2 ☐ 3 ☐ 4 ☐ 5 ☐ 6 ☐ 7 ☐ 8 ☐ 9 ☐ 10 ☐ **Máximo control**

¿Por qué has conseguido esos resultados? ¿Cómo puedes mejorar? Escribe tu impresión, en español o en tu lengua.

....

....

....

Modelo de examen n.º 6

Gestión del examen: Prueba n.º 1

Tarea previa

Comentario

Esta tarea previa no tiene una única solución. Cada candidato tiene distintas estrategias personales. Lo que observamos los examinadores durante los exámenes es que pocos candidatos usan los cuadernillos de examen: no escriben en las hojas, no marcan palabras, no subrayan párrafos. Es necesario recordar que para el centro de examen lo importante es la Hoja de respuestas, es el único documento que se envía a España para evaluar. El cuadernillo se destruye después del examen, por eso, puedes hacer todo lo que quieras con él.

Claves de la prueba n.º 1

Además de las claves, tienes un comentario que te explica por qué no son correctas las otras opciones.

Tarea	Clave	Comentario
Tarea 1	**1. B**	*Bueno, pues que me gustaría pedirte una cosa:* La opción A no es correcta porque Alberto ya está en Mallorca: "Espero que lo estéis pasando bien en Mallorca". La C tampoco porque es el hijo de Alberto quien ha organizado una fiesta: "... esta noche tu hijo ha vuelto a organizar una fiesta...".
	2. C	*... esta noche tu hijo ... ya me dirás si has hablado con Juan Luis.* La opción A no es correcta, no sé dice exactamente quién es Laura, posiblemente la hija de Beatriz. La B tampoco porque Alberto es vecino de Beatriz.
	3. B	*Si salen cucarachas,...* La opción A no es correcta porque el calor es la causa del posible problema: "Cuando hace calor, hay que tener mucho cuidado". La C tampoco porque la empresa cara es la que se ocupa de las cucarachas: "... la empresa del año pasado y es muy cara".
	4. A	*Otra cosa: han terminado ya de arreglar el ascensor.* La opción B no es correcta porque arreglan las luces "la semana que viene". La C tampoco porque las palabras *rápido* y *despacio* se refieren a los trabajadores que arreglan las luces.
	5. C	*... dos libros de Laura, ¿recuerdas? ¿Puedes traérselos?* La opción A no es correcta porque los libros ya están en Mallorca: "El año pasado te llevaste a Mallorca dos libros...". La B tampoco porque Laura no está en el hospital, sino su prima: "a su prima, que está en el hospital".

Tarea	Clave	Comentario
Tarea 2	**6. B**	*... incendio ... humo.* La opción A no es correcta porque no habla de accidentes. La C tampoco, no se habla de la gente del tren.
	7. A	*- Recuerde que no se permiten perros en la playa.* La opción B no es correcta porque en la lista está la norma sobre los vehículos: "... ni utilice vehículos en la playa". La C tampoco porque no dice dónde están las papeleras.
	8. C	*Condiciones idóneas para practicar yoga:* *- Sala climatizada* *- Vestuario y aseos* La opción A no es correcta: "Abierta todo el año". La B tampoco: "Profesora diplomada por la A.E.P.Y".
	9. B	*No moleste a la fauna silvestre ... No moleste a los animales domésticos.* La opción A no es correcta: "Se prohíbe la práctica del barranquismo". La C tampoco, no se puede acampar en todas partes, "solo en lugares autorizados".
	10. A	*Ayúdenos con sugerencias a mantener el nivel de calidad.* La opción B no es correcta, las direcciones de contacto son algo que se debe incluir en los mensajes enviados, y la C tampoco porque se piden sugerencias, no personas que colaboren.

Tarea 2		
	11. B	*Avise al empleado más próximo.* La opción A no es correcta porque se debe buscar a alguien con esos conocimientos, concretamente a algún viajero, por esa razón tampoco es correcta la C.
	12. C	*... tratar asuntos relacionados con el barrio...* La opción A no es correcta porque el aviso es para los vecinos de ese barrio. La B tampoco porque no se habla de una fiesta, sino de una reunión.
	13. A	*Invitamos a todos los vecinos, agrupaciones y asociaciones a presentar propuestas para actos culturales...* La opción B no es correcta porque junto a la iglesia está el nuevo Centro Social. La C tampoco porque el auditorio ya está construido, en el nuevo Centro Social.

Tarea 3		
	14. B	*Una cosa que me sorprende es que toda la gente sabe tocar algún instrumento, practica algún deporte o trabaja después del horario escolar.* Eduardo es el único que describe así a los habitantes del país en el que vive.
	15. A	*Durante mi estancia en China viví muchas experiencias y aprendí cosas que no están en los libros.* Miguel es el único que compara la experiencia con lo que se aprende académicamente.
	16. B	*Quitaos todos esos miedos, haced las maletas y lanzaos a la aventura de vuestra vida.* Eduardo es el único que claramente anima a los demás usando frases con imperativos.
	17. C	*Creía, antes de venir, que la gente de aquí era fría y en parte es cierto...* Manuel es el único que habla de la idea que tenía de los habitantes del país antes de viajar allí.
	18. A	*Mi visión del mundo, mi forma de resolver los problemas, mis relaciones con la gente, todo eso ha cambiado. Ahora soy más activo y tengo más iniciativa.* Eduardo habla de cambios en la actitud como efecto de la experiencia y Manuel habla de cambios en la opinión. Solo Miguel habla claramente de cambios en el carácter.
	19. C	*Es una montaña rusa de emociones...* Eduardo habla de cambios emocionales, "te sientes nervioso", pero solo Manuel habla de la rapidez de los cambios, lo hace con la metáfora de la "montaña rusa".

Tarea 4		
	20. A	*Rafael nació ... dejó los estudios ... En 2008 se hizo realidad ... Hasta hoy, Nadal...* Las opciones B y C no son correctas porque no son el tema del texto, que explica el desarrollo de Rafael Nadal como deportista y está escrito básicamente en pasado.
	21. C	*... quien lo llevó al mundo del tenis fue su tío Antonio, Toni.* La opción A no es correcta porque del abuelo solo se dice que lleva el mismo nombre y que es el jefe de la familia. La B tampoco porque de ella solo se dice que es la madre de Rafael.
	22. A	*En la primera etapa, sufrió algunas lesiones que no le dejaron jugar, por dos años seguidos, el prestigioso Roland Garros. El año 2004 fue especialmente duro...* La opción B no es correcta porque los premios aparecen en la siguiente etapa. La C tampoco porque era necesario primero ganar, tener premios: "El triunfo aumentó muchísimo su popularidad...".
	23. B	*... ganó en Wimbledon, en un partido que duró 4 horas y 48 minutos, probablemente el mejor de la historia del tenis.* La opción A no es correcta porque no explica que jugó contra Carlos Moyá, al revés, jugó con él y ganaron. La C tampoco, el texto no compara las fortunas de los dos jugadores.
	24. B	*En 2008 se hizo realidad su gran sueño, ser el número uno.* La opción A no es correcta porque ganar a Federer era la condición para cumplir su sueño. La C tampoco porque, según el texto, la popularidad es un efecto del triunfo, no un deseo de Rafael Nadal.
	25. C	*Su confianza en sí mismo, su fuerza extraordinaria y la disciplina que le impuso su tío durante años le han llevado a esa posición...* La opción A no es correcta, es solo uno de los factores. La B tampoco, la popularidad es un efecto del triunfo.

Control de progreso

No olvides completar la tabla antes de pasar a la siguiente prueba.

Prueba n.º 1 — ¿Cómo ha ido esta prueba de examen?	Tarea 1	Tarea 2	Tarea 3	Tarea 4
1. Tiempo de cada tarea.				
2. Resultados correctos.				
3. Me oriento bien en este tipo de textos.				
4. Ya conozco bien este tipo de tareas.				
5. Identifico rápidamente las palabras clave.				
6. Conozco los temas de los textos y su vocabulario.				
7. Localizo la información en el texto.				
8. Conozco la gramática de los textos.				
9. No pierdo tiempo releyendo.				
10. Dificultad general de la tarea (de 1 a 5).				
11. Nivel de estrés de la prueba (alto/medio/medio bajo/bajo).	....			

Marca en esta línea qué **sensación de control** tienes de esta prueba.

Mínimo control 1 ☐ 2 ☐ 3 ☐ 4 ☐ 5 ☐ 6 ☐ 7 ☐ 8 ☐ 9 ☐ 10 ☐ **Máximo control**

¿Por qué has conseguido esos resultados? ¿Cómo puedes mejorar? Escribe tu comentario, en español o en tu lengua.

....

....

Antes de continuar, escribe en tu lengua, en la sección de **vocabulario** de esta prueba, el significado de las palabras seleccionadas.

Gestión del examen: Prueba n.º 2

Tarea previa

1. Estrategias.

Para muchos candidatos, esta prueba crea mucho estrés porque:

- tienes que escuchar y leer al mismo tiempo;
- el acento y la velocidad de las personas que hablan pueden ser extraños para ti;
- escuchas las audiciones solo dos veces y no puedes usar la pausa, como quizá haces en clase de español;
- la condiciones acústicas de la sala de examen pueden aumentar la dificultad de la prueba (normalmente no es así, el centro de examen busca las mejores condiciones posibles).

Escuchar de forma activa es la clave y tiene mucha relación con la sensación de control que puedes conseguir durante la preparación del examen gracias a:

- el conocimiento de la prueba, del tipo de audiciones, del tipo de preguntas, del tiempo para leer las preguntas, etc.
- la práctica que ya tienes después de haber hecho siete modelos de examen;
- la manera de escuchar;
- lo que haces con las hojas de respuestas (y, en el examen, con el cuadernillo del examen).

La principal estrategia es predecir algo de lo que vas a escuchar. Lo puedes hacer:

- antes de las audiciones, con la información que dan las preguntas, imaginando las situaciones y el vocabulario;
- durante las audiciones, como en la tercera tarea previa.

En resumen, para muchos candidatos la preparación de esta prueba es mucho más importante que la de la prueba 1 y es más importante también lo que haces con el cuadernillo durante el examen. Tener y practicar buenas estrategias te permite conseguir resultados suficientes para el APTO.

3. **1.** sin problema; **2.** que me lo voy a llevar, y si no le queda bien, ya vendrá ella a cambiarlo; **3.** Matricúlate en nuestro curso Chiquitín de educación infantil y recibe tu título oficial; **4.** por solo 15,90 euros; **5.** por 20,90 euros; **6.** los cafés de máquina no me gustan mucho; **7.** no está mal. La semana pasada me compré unos pantalones y esta blusa; **8.** salir un poco tarde del curso y no sé si voy a tomar algo con Julio después; **9.** volver al menú principal; **10.** volver a escuchar este mensaje.

Claves de la prueba n.° 2

! Además de las claves, tienes un comentario que te explica por qué no son correctas las otras opciones.

Tarea	Clave	Comentario
Tarea 1	**1.** B	*- No, yo ya estoy apuntada, es para un amigo mío.* La opción A no es correcta porque ella ya está apuntada. La C tampoco porque dice que aún no sabe si a su tío le interesa el curso: "le voy a preguntar y le vuelvo a llamar dentro de un rato".
	2. A	*- Sí, en la sala 5 hay una basada en una novela histórica: "La última legión". Tiene muy buenas críticas.* *- Ah, pues bien, vamos a ver esa. ¿Te parece bien?* La opción B no es correcta porque la película de ciencia ficción ya no está en el cine. La C tampoco porque dice: "no me gustan las de terror."
	3. C	*- … tienes que traer tu portátil porque una parte de la clase es un chat en directo con alumnos de español de Australia.* La opción A no es correcta porque la chica dice que ya tiene el libro. La B tampoco porque el profesor dice del móvil: "No, es muy pequeño, pero…"
	4. C	*- En el teatro Granada hay un espectáculo de monólogos…* *- Ah, pues me gusta más, sí. ¿Aquí vendéis las entradas?* La opción A no es correcta porque el hombre está en un congreso de médicos. La B tampoco porque dice que no le interesa: "¿No hay algo menos intelectual?".
	5. A	*- … No sabía que te gustaban los payasos, los malabaristas y todo esto.* La opción B no es correcta: "Yo quería ir al teatro de marionetas, pero han elegido ellos". La C tampoco, los animales son el tema de un comentario sobre el circo.
	6. A	*- … no voy a hacer más cursos de cerámica. Después de cuatro cursos…* La opción B no es correcta porque es el curso que propone el hombre: "¿Has visto el curso de papiroflexia?". La C tampoco, la mujer dice: "¡Justamente ese voy a hacer!".

Tarea	Clave	Comentario
Tarea 2	**7.** C	*… discutir sobre un tema elegido por los oyentes.* La opción A no es correcta porque los profesionales participan en el debate. La B tampoco porque María Benítez participa solo esta semana, es decir, no lo presenta.
	8. A	*… una oferta increíble: ven con otros nueve amigos y recibiréis una entrada gratis para la piscina…* La opción B no es correcta porque la oferta es solo para una piscina. La C tampoco porque "solo durante este fin de semana" se refiere a la oferta.
	9. C	*… se ha producido un accidente … los conductores que esperan desde hace una hora…* La opción A no es correcta porque la carretera es la Nacional 6, 234 es el kilómetro. La B tampoco porque las ambulancias están allí ayudando: "las ambulancias están intentando solucionar la situación…".
	10. B	*… ofrecemos cursos gratis de idiomas a nuestros empleados.* La opción A no es correcta porque Futur es una empresa, no una escuela de camareros. La C tampoco, no se habla de prácticas.
	11. C	*Efusión, el canal de fútbol más visto en Latinoamérica…* La opción A no es correcta, habla de la Navidad en presente. La B tampoco, es un canal que tiene muchos programas de fútbol.
	12. A	*… ¿te sobran unos kilitos?* La opción B no es correcta, la palabra *sueño* es parte de una expresión: "hacer realidad los sueños". La C tampoco, la primera consulta es gratis: "tu primera consulta es nuestro primer regalo".

Tarea	Clave	Comentario
Tarea 3	**13.** B	Marta: *Pero si tú no lees esas cosas, a ti no te gusta la literatura.* La opción A no es correcta porque Marta dice que a Pablo no le gusta la literatura y el libro es de Marta.
	14. A	Pablo: *… ¿podrías quedarte esta tarde con Lucía? … Es que Cristina necesita algo importante y tengo que ir a verla.* La opción B no es correcta porque Marta sí puede quedarse con Lucía, Marta dice: "Vale, pero tú...".
	15. C	Marta: *Vale, pero tú le preparas la comida a Lucía, que yo no tengo tiempo.* Pablo: *Ya la ha preparado mamá…* Las opciones A y B no son correctas porque la comida la ha preparado la madre.

	16. A	Pablo: *En la cafetería de la universidad, pero luego pensamos ir por ahí.* Marta: *Pues está cerrada.* Pablo: *¿Estás segura?* La opción B no es correcta porque es Marta quien da la información de la cafetería.
	17. B	Pablo: *Entonces, ¿adónde vamos? La cafetería nos va bien a los dos y además tiene conexión a internet.* Marta: *Hay un bar en la avenida Dos de Mayo que está muy bien. Está cerca del metro Casillas. Es muy tranquilo y tienen conexión.* La opción A no es correcta porque es Pablo quien necesita un sitio para quedar.
	18. C	Marta: *Vale, pero el domingo te quedas tú, yo tengo un concierto en el auditorio del Ayuntamiento.* Pablo: *¿Con quién tocas?* La opción A no es correcta porque Pablo tiene que cuidar de Lucía. La B tampoco porque Marta va a tocar, no a escuchar el concierto.

Tarea 4		
	19. D	*Tenemos una factura antigua … que usted todavía tiene pendiente.* El enunciado D es el único que da información de algo que aún no está hecho.
	20. I	*… para pasar al otro lado de la calle entren por la boca de metro y salgan por la salida 7.* El enunciado I es el único que se refiere a instrucciones en la calle.
	21. G	*En el vagón diecisiete se encuentra el restaurante.* El enunciado G es el único relacionado con un restaurante. El enunciado H habla de fumar, pero en el mensaje se da una norma sobre el tabaco: "Les recordamos que solo allí pueden fumar".
	22. A	*... les recordamos que está prohibido tomar bebidas alcohólicas…* El enunciado A es el único relacionado con esta norma. El enunciado E habla de comer, como en el mensaje, pero no como norma.
	23. E	*Caliéntate la comida tú mismo, por favor.* El enunciado E es el único relacionado con la situación: ella tiene que ir al hospital, el marido tiene que comer solo.
	24. C	*... si ya estás saliendo pues nos tomamos una copa en el bar de aquí al lado.* Parece que ha habido un cambio de horario, el enunciado C está relacionado con esta situación. El enunciado J habla de una fiesta, pero dice lo contrario a lo que se dice en el mensaje.
	25. B	*Los móviles deben permanecer apagados durante la función. Hay un descanso de quince minutos a mitad de función.* El enunciado B es el único relacionado con la situación. El G dice lo contrario que en el mensaje y el A está relacionado, pero solo parcialmente: el mensaje habla en general de beber, no solo bebidas alcohólicas.

Control de progreso

No olvides completar la tabla antes de pasar a la siguiente prueba.

Prueba n.º 2

¿Cómo ha ido esta prueba de examen?	Tarea 1	Tarea 2	Tarea 3	Tarea 4
1. Resultados correctos.				
2. Estoy acostumbrado/a a este tipo de audios.				
3. Estoy acostumbrado/a a este tipo de tareas.				
4. No he tenido problemas con el vocabulario.				
5. Conocía el tema de los audios.				
6. He identificado la información en los audios.				
7. La gramática de los audios no era difícil.				
8. Mantengo bien la concentración.				
9. Dificultad general de la tarea (de 1 a 5).				
10. Nivel de estrés de la prueba (alto/medio/medio bajo/bajo).	....			

Marca en esta línea qué **sensación de control** tienes de esta prueba.

Mínimo control 1 ☐ 2 ☐ 3 ☐ 4 ☐ 5 ☐ 6 ☐ 7 ☐ 8 ☐ 9 ☐ 10 ☐ **Máximo control**

¿Por qué has conseguido esos resultados? ¿Cómo puedes mejorar? Escribe tu comentario, en español o en tu lengua.

....

....

....

Antes de continuar, escribe en tu lengua, en la sección de **vocabulario** de esta prueba, el significado de las palabras seleccionadas de las transcripciones.

Gestión del examen: Prueba n.º 3

Tarea previa

1. **Modelo de examen n.º 5. Tarea 1.** Cumple todas las instrucciones.

Instrucciones	Texto de la candidata
- saludar;	*Hola, Roberto, qué tal.*
- explicar si ha dado clases *online*;	*Sí, he hecho cursos de español y de inglés con un profesor* online. *Creo que es buena idea. Son clases muy personales. El profesor puede corregir muchos errores.*
- explicar qué tipo de clases le gustan más;	*Bueno, yo prefiero las clases en grupo...*
- contar una anécdota sobre sus clases de idiomas;	*... una vez hicimos una excursión a un museo y hablamos solo inglés. Fue muy divertido. Te recomiendo las clases* online.
- hacerle dos preguntas y despedirse.	*¿Dónde está ese profesor? ¿Habla tu idioma? Creo que es importante. Saludos, Pei-Chem Sun*
Número de palabras	73 palabras. Es un poco más que el número recomendado, pero no es un problema.

Modelo de examen n.º 5. Tarea 2, opción 1. No cumple todas las instrucciones. Habla de la costumbre "ir de compras", pero no da la información que se pide.

Instrucciones	Texto de la candidata
- con quién fue	*El fin de semana pasado fui a un centro comercial con mi amiga Françoise.*
... y qué ambiente había;	Comentario: la instrucción se refiere al pasado, la descripción de la candidata está en presente.
- cuánto tiempo estuvo allí;	*Pasamos allí toda la mañana.*
- por qué fueron a ese sitio;	Comentario: solo explica los gustos de la amiga.
- qué compraron;	Comentario: no hay información.
- qué hace usted normalmente cuando va de compras.	*Me encanta ir a los centros comerciales, sola o con amigos.* Comentario: no responde exactamente a la instrucción.
Número de palabras	Tiene demasiadas palabras: 121. Hay frases que no son necesarias y que se pueden eliminar, como las frases sobre su novio.

Modelo de examen n.º 5. Tarea 2, opción 2. Cumple perfectamente todas las instrucciones.

Instrucciones	Texto de la candidata
- qué hizo	*Estuve todo el día con unos clientes ... Me tomé un café ... fuimos a una reunión ... fuimos a comer ... me fui a tomar café con Laura.*
... y a qué hora;	*A las nueve ... a las once ... a las tres ... A las cuatro...*
- con quién estuvo	*con unos clientes, los señores Benítez ... vino el jefe a tomar café con nosotros.*
... y dónde fue;	*los recogí en el aeropuerto y los llevé al hotel. ... de paseo a ver la catedral ... los dejé en el hotel. A las ocho quedé con Andrea para tomar una copa.*
- cómo se lo pasó.	*Ayer fue un día muy duro. ... Son amables, pero fueron muchas horas. ... Bueno, son simpáticos, pero estuve casi todo el día con ellos.*
Número de palabras	Tiene 111 palabras: se pueden eliminar la última frase sobre Laura y uno de los dos comentarios sobre el tiempo que pasó con los clientes.

2. Hay más de una forma de corregir esos errores.

Texto de muestra del Instituto Cervantes

La semana pasada, fui al cumpleaños de mi amiga. La fiesta era en su casa y había mucha gente: sus primas, sus hermanas, sus amigos y su novio. ¡Bailamos y cantamos hasta el fin del día! La música era muy buena y de todo tipo. La comida era también deliciosa y la tarta grande. Le llevé a mi amiga un perfume, que ya sabía que le iba a gustar mucho, y tenía razón porque estaba muy contenta con mi regalo. Era una fiesta simpática, que me recordó a mis fiestas de cumpleaños, en las que siempre veo a todos mis amigos y a mi familia.

Modelo de examen n.º 3. Tarea 1. Compara tus correcciones con el texto de la página n.º 29.
Modelo de examen n.º 1. Tarea 2, opción 1. Compara tus correcciones con el texto de la página n.º 11.
Modelo de examen nº 2. Tarea 2, opción 2. Compara tus correcciones con el texto de la página n.º 20.

3. Hay más de una forma de corregir esos errores.
Modelo de examen n.º 1. Tarea 3, opción 1. Compara tus correcciones con el texto de la página n.º 29.
Modelo de examen n.º 4. Tarea 1. Compara tus correcciones con el texto de la página n.º 36.
Modelo de examen n.º 4. Tarea 2, opción 1. Compara tus correcciones con el texto de la página n.º 36.
Modelo de examen n.º 5. Tarea 2, opción 2. Compara tus correcciones con el texto de la página n.º 45.

Claves de la prueba n.º 3

Atención, estos textos son solo una propuesta. Hay muchas opciones correctas.

Tarea 1

Tarea 1

Hola, Roberto, ¿qué tal?

He recibido tu mensaje. Gracias por avisar con tiempo. No tengo problemas para cambiar el día, pero a la una y media no me va bien, yo también tengo una reunión, pero el viernes a las once. Creo que mejor quedamos a las dos y media, ¿te parece bien?

Por cierto, ¿has visto a la nueva jefa de personal? ¿Has hablado con ella?

Bueno, nos vemos el viernes.

Saludos,

Luisa

74 palabras

Tarea 2, opción 1

El mes pasado fui a una exposición de arte, la exposición de un amigo de mi mujer. A mí no me interesa especialmente el arte, casi nunca voy a exposiciones, fui para acompañar a mi mujer. A ella sí le gustan mucho. Tuvo lugar en la Galería Nacional, había muchas personas importantes; por ejemplo, estaban el alcalde y el ministro de Cultura. Me pareció todo muy formal, me gustó mucho, disfruté. Conocí a gente interesante, como a la mujer del ministro, una mujer interesantísima. Hoy nos vemos de nuevo en un café.

93 palabras

Tarea 2, opción 2

Hace dos años Carlos solía ir solo al parque, a pasear y a relajarse. En ese tiempo, Ricardo también solía hacer todo solo, como ir al supermercado para hacer la compra. Carlos y Ricardo viven en el mismo barrio, un barrio muy tranquilo, pero no se conocían. Hace algunos meses se conocieron y desde entonces comparten muchas actividades: van al supermercado juntos, pasean por el parque y también hacen juntos algo de ejercicio.

73 palabras

Control de progreso

Recuerda que con esta tabla puedes evaluar tus textos con los mismos criterios que los examinadores.

Prueba n.º 3

¿Cómo ha ido esta prueba de examen?	Tarea 1	Tarea 2 Opción: ....
1. Tiempo de cada tarea.		
2. He seguido todas las pautas de las instrucciones.		
3. Doy más información de la que me piden las instrucciones.		
4. He escrito opiniones, valoraciones o argumentos.		
5. No he cometido errores de gramática o de vocabulario importantes.*		
6. He escrito un texto claro, ordenado y con frases bien relacionadas.		
7. He tenido suficientes ideas para escribir.		
8. No he perdido tanto tiempo reescribiendo.		
9. Dificultad general de la tarea (de 1 a 5).		
10. Nivel de estrés de la prueba (alto/medio/medio bajo/bajo).	....	

* En la página 8 de ***Crono A2*** tienes un resumen de contenidos del nivel A2 para evaluar las pruebas 1 y 2. Marca en esta línea qué **sensación de control** tienes de esta prueba.

Mínimo control ← 1 ☐ 2 ☐ 3 ☐ 4 ☐ 5 ☐ 6 ☐ 7 ☐ 8 ☐ 9 ☐ 10 ☐ → **Máximo control**

¿Por qué has conseguido esos resultados? ¿Cómo puedes mejorar? Escribe tu comentario, en español o en tu lengua.

....

....

Gestión del examen: Prueba n.º 4

Tarea previa

1. **Tarea 1. Monólogo: Un viaje que he hecho**

- El año pasado fui a Ibiza con mis amigos durante mis vacaciones. Fuimos en avión porque está muy lejos. Cuando llegamos allí, estaba lloviendo y por eso no pudimos hacer nada, por el agua. La playa estaba muy cerca de nuestro hotel. No fuimos mucho a la playa, pero jugamos muchas veces a las cartas en el hotel con mis amigos. Un día fuimos a una playa muy famosa de Ibiza y otro día fuimos a las tiendas y compramos mucha ropa para nuestras familias y para otros amigos también. ¿Si voy hacer algún viaje pronto? Sí, voy a ir a Suiza con mi hermano porque me gustan las montañas y los ríos y me encanta ver las estrellas por la noche también.

Tarea 2. Descripción

- Esta foto es de una clase, hay muchos estudiantes en la clase y un profesor. Creo que es una clase de Geografía porque los estudiantes están muy ocupados y hay muchas mesas con ordenadores y mapas de continentes. Hay una televisión en la clase también. La clase está muy desordenada porque hay libros y papeles por todas partes. Eh... Hay una ventana muy grande también, por eso la clase tiene mucha luz. Muchos de los estudiantes llevan camisetas. Los estudiantes estudian con los otros Geografía. Me parece que los estudiantes son muy trabajadores y amables.
- ¿Qué cree que han hecho antes?
- Antes de la clase los estudiantes han ido a un bar para tomar café, me parecen muy cansados.

Tarea 3. Diálogo

- Buenos días, ¿cómo estás?
- Estoy bien.
- ¿Qué lengua quieres aprender?
- Quiero aprender ruso.
- ¿Por qué?
- Porque voy a ir a San Petersburgo a/para estudiar Física.
- ¿Has estudiado antes?
- Sí, cuando tenía quince años estudié ruso en la escuela durante un año.
- ¿Qué te gusta más del ruso?
- Me gustan las letras y eso. ¿Cómo se llaman en español? ¿Cirílicas? Me gusta la ciencia y los rusos son buenos en física. En Rusia vivieron científicos famosos. Tiene también una cultura y una música muy ricas y por eso quiero aprender ruso.
- ¿Y hablas otras lenguas?
- Bueno, claro, claro, hablo alemán e inglés y hablo español, tengo nivel A2.
- ¿Cómo aprendiste español? ¿E inglés?
- Hice cursos de español en mi universidad y he aprendido inglés en casa toda mi vida.
- ¿Cuántos días vas a la universidad para estudiar español?
- Dos días.
- Para tus clases de ruso, ¿qué días puedes venir a la escuela?
- Tengo universidad entre semana y por eso estoy muy ocupado, así que prefiero dar clases los fines de semana.
- ¿Y en qué horario puedes?
- Por la mañana, entre las ocho y las nueve.
- ¿Ambos días?
- Sí.
- ¿Sábados y domingos también?
- Sí, sí.
- De ocho y media a once y media.
- ¡Ah! Vale. ¿Y cuánto cuesta?
- 300 euros. ¿Te va bien?
- Sí, sí, claro, me va bien, me va bien.
- Vas a tener clase dos veces los fines de semana, sábado y domingo, los dos días.
- Sí.
- Te esperamos el sábado, entonces.
- Sí, hasta... luego.
- Que tengas un buen día.

2. **Evaluación:** este candidato ha pasado la prueba.

Prueba n.º 4

¿Cómo ha ido esta prueba de examen?	Tarea 1	Tarea 2	Tarea 3
1. Ha hablado de todos los puntos de la tarea.	×		×
2. Ha dejado sin tratar un punto de las instrucciones.		×	
3. Ha dejado sin tratar más de un punto de las instrucciones.			
4. Da un poco más de información de la que se pide.	×		×
5. Responde a todas las preguntas del examinador.		×	×
6. Tiene suficiente vocabulario para cumplir la tarea.	×	×	
7. Relaciona las frases con palabras como *porque, es que, como, por eso, pero, aunque, cuando,* etc.	×	×	×
8. Hace comentarios y valoraciones y da opiniones.	×		
9. Comete errores de gramática o de vocabulario poco importantes.	×	×	
10. Comete errores de gramática o de vocabulario importantes.			×
11. Habla con frases claras.	×	×	×
12. Se bloquea, hace pausas innecesarias.	×		
13. Tiene suficientes ideas.	×	×	
14. Improvisar cuando lo necesita.		×	×

Control de progreso

Recuerda que con esta tabla puedes evaluar tus textos con los mismos criterios que los examinadores.

Escucha tu presentación y tus respuestas y completa con ✗ la siguiente tabla. .

Prueba n.º 4

¿Cómo ha ido esta prueba de examen?	Tarea 1	Tarea 2	Tarea 3
1. He hablado de todos los puntos de la tarea.			
2. Doy un poco más de información de la que se pide.			
3. Hago comentarios y valoraciones y doy opiniones.			
4. No he cometido errores de gramática o de vocabulario importantes.*			
5. He hablado con frases claras y bien relacionadas.			
6. No me he bloqueado, no he hecho pausas innecesarias.			
7. Tengo acento en la pronunciación, pero se entiende lo que digo.			
8. He seguido el esquema que he preparado.			
9. He tenido suficientes ideas.			
10. He podido improvisar bien cuando lo he necesitado.			
11. Dificultad general de la tarea (de 1 a 5).			
12. Nivel de estrés de la prueba (alto/medio/medio bajo/bajo).	....		

* En la página 8 de ***Crono A2*** tienes un resumen de contenidos del nivel A2 para evaluar las pruebas 3 y 4.

Marca en esta línea qué **sensación de control** tienes de esta prueba.

Mínimo control ☹ ←————→ ☺ **Máximo control**

1 ☐ 2 ☐ 3 ☐ 4 ☐ 5 ☐ 6 ☐ 7 ☐ 8 ☐ 9 ☐ 10 ☐

¿Por qué has conseguido esos resultados? ¿Cómo puedes mejorar? Escribe tu comentario, en español o en tu lengua.

....

....

....

Modelo de examen n.º 7

Gestión del examen: Prueba n.º 1

Claves de la prueba n.º 1

Además de las claves, tienes un comentario que te explica por qué no son correctas las otras opciones.

Tarea 1		
	1. C	*... para cambiar la cita que tenemos ... Tú y yo hemos quedado para el domingo, ¿podemos quedar el sábado y hablamos de este tema?* La opción A no es correcta porque Lourdes se va a Asturias sola. La B tampoco porque las vacaciones son el motivo de la discusión de Lourdes con Rodolfo.
	2. B	*Él quiere ir de vacaciones a Londres a ver a su ex y yo quiero ir a Estambul.* La opción A no es correcta porque se entiende que Lourdes y Javier no viven juntos, por eso tienen que quedar para poder verse. La C tampoco porque es Rodolfo quien tiene familia en Asturias: "Quizás se ha ido a casa de su madre a Asturias".
	3. A	*Conoces bien a Rodolfo y tus consejos siempre son muy útiles.* La opción B no es correcta porque Javier no ha hablado aún con Rodolfo y no puede saber qué piensa, aunque lo conoce bien. La C tampoco, Lourdes tiene que recordarle a Javier quién es Carlos: "aquel vecino que antes me invitaba siempre a tomar café...".
	4. C	*Dice que ... ahora tiene mejor sueldo...* La opción A no es correcta, Lourdes dice: "me encontré a Carlos en el autobús", o sea, por casualidad. La B tampoco porque dice: "... va a comprarse un coche...".
	5. A	*Me ha preguntado por ti porque necesita ayuda para la fiesta. ¿Puedes llamarlo?* La opción B no es correcta porque han hablado de su vida en Madrid: "... está cansado de Madrid y se vuelve a Los Ángeles". La C tampoco porque la fiesta es un plan de Charlie: "Va a hacer una fiesta de despedida...".

Tarea 2		
	6. C	*Además, ampliamos en dos horas el horario de apertura...* La opción A no es correcta porque solo habla de "nuevos puestos". La B tampoco, se habla únicamente del precio del estacionamiento, es decir, del *parking*.
	7. A	*... espectáculo ... representación ... funciones ... entradas ... taquilla ...* La opción B no es correcta, en una estación no hay espectáculos y se venden billetes, no entradas. La C tampoco, en un estadio de fútbol no hay espectáculos, hay partidos de fútbol.
	8. C	*Agárrate siempre al pasamanos.* La opción A no es correcta porque dice: "Puedes llevar tu bici solo si no molestas...", pero no se refiere solo a los niños. La B tampoco porque deben ir por la izquierda las personas que suben o bajan, no importa la edad.
	9. B	*Cuidado con tu calzado, átate bien los cordones.* La opción A no es correcta porque el texto se refiere a los carros, no a los bebés. La C tampoco porque llevar la mascota en brazos es una condición para usar con ella la escalera.
	10. B	*... permanente ... incluso domingos y festivos.* La opción A no es correcta, *incluso* significa "también". La C tampoco, el número de teléfono es solo para llamar.
	11. A	*... ofrecen un tratamiento intensivo, para dejar de fumar,...* La opción B no es correcta porque la ley argentina es la oportunidad para dejar de fumar. La C tampoco porque en ningún punto se habla de consejos.
	12. C	*Necesitamos dependientas ... Buscamos personal con experiencia...* La opción A no es correcta porque las entrevistas son una parte del proceso de selección. La B tampoco porque la empresa ofrece ese cursillo.
	13. B	*... el horario es de 7:00 a 15:00 h sin pausa.* La opción A no es correcta, es necesario llevar dos fotografías, no dos fotocopias. La C tampoco, pedir cita por internet es una opción recomendada.

Tarea 3		
	14. A	*... luché por el negocio que hoy tengo después de invertir dinero, tiempo y esfuerzo.* Las opciones B y C no son correctas porque no tienen una empresa.
	15. B	*... el gobierno invirtió en mi formación,...* Las opciones A y C no son correctas porque no hablan de cómo pagaron sus estudios.
	16. C	*... lo que me llama la atención del país es el deseo de la gente de mejorar cada día.* Las opciones A y B no son correctas porque ni Maite ni Rosa hablan de la gente que vive en sus países.
	17. A	*Tardé dos años y medio en volver a mi Asturias querida y poder abrazar a mi familia y a mis amigos...* Las opciones B y C no son correctas porque no hablan de sus familias y viven en países cercanos a España.
	18. B	*Luego nacieron nuestras hijas...* La opción A no es correcta porque no habla de su familia. La C tampoco porque dice que no se casó y su vida es su trabajo.
	19. C	*Yo creo que eso* (el deseo de mejorar cada día) *los españoles lo han perdido,...* Las opciones A y B no son correctas porque solo hablan de sus experiencias y no opinan sobre los españoles.

Tarea 4		
	20. B	*Esposa y musa de Salvador Dalí ... reconoció el genio artístico ... mantuvo una relación con Max Ernst, quien la pintó en numerosos retratos.* La opción A no es correcta, solo dice que conoció a intelectuales. La C tampoco porque el texto solo dice que fue su musa, no que lo hizo famoso.
	21. C	*Trabajó un tiempo como maestra, pero en 1912 se le agravó la tuberculosis que padecía y su familia decidió ingresarla en un sanatorio en Suiza.* No especifica dónde estudió, pero se sobreentiende que en Rusia, donde vivió hasta marchar al sanatorio. La B tampoco porque conoció a Paul Éluard después de salir de Rusia.
	22. A	*En 1914 se prometieron en matrimonio,...* La opción B no es correcta porque Eugène Grindel y Paul Éluard eran la misma persona. La C tampoco porque ese año nació su hija en común, Cécile.
	23. B	*En 1929 ... el pintor viajó a París para la presentación de la película* Un perro andaluz *... Cuando el pintor conoció a Gala, en seguida se enamoró de ella ... Desde entonces Gala ya no se separó del pintor.* La opción A no es correcta porque Max Ernst era una relación anterior de Gala. La C tampoco, el personaje literario solo dio a Dalí uno de los nombres con los que llamaba a Gala.
	24. B	*Desde entonces, los Dalí pasaron las primaveras y los veranos en Portlligat, y los inviernos entre Nueva York y París.* La opción A no es correcta porque Dalí le compró a Gala un castillo, no al revés. La C tampoco, el texto no dice cuándo Gala se separó de Paul Éluard.
	25. A	*Entre 1971 y 1980, Gala pasó algunas temporadas en su castillo, siempre en verano.* La opción B no es correcta, el texto dice: "En 1958, Dalí y Gala se casaron en el santuario de Els Àngels". La C tampoco porque allí está la tumba de Gala, no la de Dalí.

Control de progreso

! No olvides completar la tabla antes de pasar a la siguiente prueba.

Prueba n.º 1	**¿Cómo ha ido esta prueba de examen?**	Tarea 1	Tarea 2	Tarea 3	Tarea 4
	1. Tiempo de cada tarea.				
	2. Resultados correctos.				
	3. Me oriento bien en este tipo de textos.				
	4. Ya conozco bien este tipo de tareas.				
	5. Identifico rápidamente las palabras clave.				
	6. Conozco los temas de los textos y su vocabulario.				
	7. Localizo la información en el texto.				
	8. Conozco la gramática de los textos.				
	9. No pierdo tiempo releyendo.				
	10. Dificultad general de la tarea (de 1 a 5).				
	11. Nivel de estrés de la prueba (alto/medio/medio bajo/bajo).	....			

Marca en esta línea qué **sensación de control** tienes de esta prueba.

Mínimo control 1 ☐ 2 ☐ 3 ☐ 4 ☐ 5 ☐ 6 ☐ 7 ☐ 8 ☐ 9 ☐ 10 ☐ **Máximo control**

¿Por qué has conseguido esos resultados? ¿Cómo puedes mejorar? Escribe tu comentario, en español o en tu lengua.

....

....

Antes de continuar, escribe en tu lengua, en la sección de **vocabulario** de esta prueba, el significado de las palabras seleccionadas.

Gestión del examen: Prueba n.º 2

Claves de la prueba n.º 2

Además de las claves, tienes un comentario que te explica por qué no son correctas las otras opciones.

Tarea	Clave	Comentario
Tarea 1	**1.** A	*- Hola, disculpe. Tengo un problema en mi habitación ... es solo el secador del pelo, que huele raro...* La opción B no es correcta, el ventilador ya no lo necesitan. La C tampoco: "El aire acondicionado ayer no funcionaba, pero ya lo arreglaron".
	2. B	*- ... Es que es un regalo, ¿sabes? ... Es que mi hermano es ... es una sorpresa, es su cumpleaños. Son para él y su novia,...* La opción A no es correcta porque no está claro si la chica va a ir: "aunque no sé si irá ella". La C tampoco, el cantante es quien da el concierto.
	3. C	*- Vale, pero primero vamos un momento a la habitación a encender la chimenea.* La A no es correcta porque en ese momento están en el comedor, han terminado de comer. La B tampoco porque la chica va a la habitación y el padre baja solo: "Vale, vale, pues ve tú, yo cojo el ascensor y te espero en el bar,... ".
	4. A	*- ... mi marido ... tiene que tomar unos medicamentos antes de la operación, pero en la farmacia no tienen estos medicamentos...* Las opciones B y C no son correctas porque la mujer no quiere hablar de la operación ni de la farmacia, sino de los medicamentos que no encuentra.
	5. C	*- ... pero a lo mejor podemos llevar a los niños otro día al cine.* *- Perfecto, pues hablamos hacia el final de la semana que viene y quedamos para ir al cine...* La opción A no es correcta porque están en la entrada del circo, el espectáculo es en ese momento. La B tampoco porque el hombre dice: "Ya hemos visto ese musical".
	6. B	*- ... Creo que es mi compañera, la que está en la caja, quien se ha equivocado...* La opción A no es correcta, el texto dice: "el chico que pone las botellas en los estantes no pone los precios". La C tampoco, los clientes son solo una suposición de la empleada.

Tarea	Clave	Comentario
Tarea 2	**7.** B	*... donde se conversa con tranquilidad de los temas de nuestro día a día* La opción A no es correcta porque se entiende que hablan de temas cotidianos, no necesariamente importantes. La C tampoco porque ellas son quienes van a hablar.
	8. A	*... es también tu publicación de deportes de montaña...* La opción B no es correcta, los artículos tratan de deportes: "desde alpinismo hasta escalada". La C tampoco, no se dice el título del DVD.
	9. A	*... coche de empresa ... taxista cuidadoso con su vehículo ... ¿Conduce usted un camión...?* La opción B no es correcta, la palabra *local* se refiere a personas que viven en la misma ciudad, en contraste con los turistas. La C tampoco, no habla de empresas, solo de "coches de empresa".
	10. C	*Discoteca Pirámida invita a una consumición a todos los novios acompañados...* La opción A no es correcta, la invitación es solo a una consumición. La B tampoco, se dice solo que se va a bailar "al ritmo de las canciones que más suenan este verano", no quién las elige.
	11. B	*Solo hasta final de este mes. ¡No quedan muchos días...!* La opción A no es correcta, dice que "quedan pocos días" para el final de mes. La C tampoco porque deben tener treinta años, pero deben ser una familia y tener al menos dos hijos.
	12. A	*En nuestra página web ... Entra en naturlanguaje.com ... ¡Pero entra hoy!* La opción B no es correcta, la oferta de cursos es para salir de la ciudad, pero el anuncio invita solo a visitar la página web. La C tampoco porque dice: "Entra en naturlanguaje.com y compara sus opiniones".

Tarea 3		
	13. B	Jorge: *Sigues trabajando por las tardes en esa escuela, ¿no?* Marisa: *... Tengo que corregir unos exámenes y...* La opción A no es correcta porque no se dice claramente qué hace Jorge en su trabajo.
	14. A	Jorge: *... un proyecto en el que estoy trabajando ahora. Creo que te puede interesar a ti o a tu marido. ¿Qué me dices?* La opción B no es correcta, Marisa habla de un proyecto nuevo de su marido.
	15. C	Marisa: *... Pues precisamente Federico también está en un nuevo proyecto. Ha cambiado de empresa y tiene muchos planes.* Las opciones A y B no son correctas porque es Federico, el marido de Marisa, quien ha cambiado de trabajo.
	16. C	Marisa: *Sí, quizá yo también dejo la escuela y empiezo a trabajar con él. Parece que el proyecto es bastante grande.* Las opciones A y B no son correctas porque trabajar con su pareja solo es algo posible en la vida de Marisa.
	17. A	Jorge: *Y así os presento a mi pareja. Llevaba casi tres años solo...* La opción B no es correcta porque Marisa está casada con Federico.
	18. B	*Marisa: Bueno, pues entonces no hay más que hablar. El domingo quedamos a cenar en tu casa.* La opción A no es correcta porque es Jorge quien invita y Marisa quien acepta, no al revés.

Tarea 4		
	19. J	*El sábado es el cumpleaños de mi hermana ... para darle una sorpresa...* Los enunciados B, D y E nombran a la familia, pero solo el J habla de dar una sorpresa o sorprender a alguien.
	20. A	*Por favor, el propietario del vehículo ... cambie el automóvil... el propietario del carro... retírelo cuanto antes, gracias.* Es el único enunciado donde se habla de coches.
	21. I	*... nuestra oferta de zapatillas de deporte termina esta semana ... ¡Dese prisa si quiere unas nuevas Nike...!* El mensaje 3 y el enunciado 1 son los únicos que hablan de calzado: "zapatillas de deporte".
	22. D	*... llámame lo antes posible ... Espero tu llamada.* Hay varios enunciados que hablan de familias, pero solo el D habla de tener que llamar. El enunciado B habla de un problema de salud, pero en el mensaje 4 se habla del jefe, no de un familiar.
	23. B	*El tío Carlos está en urgencias* (en el hospital), *se ha puesto mucho peor* (más enfermo) *de repente.* De todos los enunciados sobre familias, es el único que habla de enfermedad. La palabra *urgente* aparece en viarios enunciados, pero en el mensaje se refiere a una parte del hospital.
	24. G	*Es muy importante porque ... y más tarde he quedado con otro cliente ... mi otro compromiso es a las doce, no tenemos mucho tiempo.* Es el único enunciado que combina la urgencia con la existencia de otra cita.
	25. E	*... es parte de la terapia de la hija menor desde hace ocho meses; sin él la niña puede empeorar, por lo que la familia lo necesita urgentemente.* El aviso no dice claramente que la familia está preocupada, pero lo podemos entender por las consecuencias que puede tener no encontrar a la mascota.

Control de progreso

No olvides completar la tabla antes de pasar a la siguiente prueba.

Prueba n.º 2

¿Cómo ha ido esta prueba de examen?	Tarea 1	Tarea 2	Tarea 3	Tarea 4
1. Resultados correctos.				
2. Estoy acostumbrado/a a este tipo de audios.				
3. Estoy acostumbrado/a a este tipo de tareas.				
4. No he tenido problemas con el vocabulario.				
5. El tema de los audios no era desconocido.				
6. He identificado la información en los audios.				
7. La gramática de los audios no era difícil.				
8. Mantengo bien la concentración.				
9. Dificultad general de la tarea (de 1 a 5).				
10. Nivel de estrés de la prueba (alto/medio/medio bajo/bajo).	....			

Marca en esta línea qué **sensación de control** tienes de esta prueba.

Mínimo control 1 ☐ 2 ☐ 3 ☐ 4 ☐ 5 ☐ 6 ☐ 7 ☐ 8 ☐ 9 ☐ 10 ☐ **Máximo control**

¿Por qué has conseguido esos resultados? ¿Cómo puedes mejorar? Escribe tu comentario, en español o en tu lengua.

....

....

....

Antes de continuar, escribe en tu lengua, en la sección de **vocabulario** de esta prueba, el significado de las palabras seleccionadas de las transcripciones.

Gestión del examen: Prueba n.º 3

Claves de la prueba n.º 3

Atención, estos textos son solo una propuesta. Hay muchas opciones correctas.

Tarea 1

Querida Isabel:

¡Estás de vuelta! ¡Qué bien! Ya te dije que San Petersburgo es estupenda, a mí me gusta mucho, me gustaría volver, pero este año vamos a Buenos Aires. Eduardo tiene un concierto allí, ensaya todos los días y yo organizo el viaje.

¿Qué tal el viernes? Ahora tengo mucho tiempo. ¿Conoces a Marta Ortega? ¿Puedo invitarla? Piensa ir a Rusia en septiembre.

Bueno, ¿me lo confirmas?

Otro abrazo,

Carmen

71 palabras

Tarea 2, opción 1

La semana pasada fui a un partido de rugby en el estadio universitario de mi ciudad. Fui sola porque mi novio tenía que estudiar. Tengo que decir que me gustó. Compré un bocadillo vegetal y una bebida. No canté nada, es que no sé cantar, pero el público sí cantaba. Tampoco llevé ropa especial, aunque otras chicas sí llevaban camisetas con los colores de su equipo. No sé quién ganó porque no conocía los equipos. Normalmente no voy a eventos deportivos, pero creo que voy a volver.

86 palabras

Tarea 2, opción 2

Cuando Andrés y Begoña eran pequeños, vivían cerca del mar, por eso iban casi todos los días a la playa y pasaban mucho tiempo juntos. Luego crecieron y en 2013 Andrés empezó a viajar. Estudió Filosofía en Berlín y ahora vive en Beijing con su novia. Begoña también estudió, pero en Bilbao, Ciencias Económicas, luego hizo un máster en Suiza. Ahora trabaja en una multinacional y casi nunca ve a su hermano, solo en Navidad, cuando él vuelve a casa de sus padres.

83 palabras

Control de progreso

Esta tabla te ayuda a autoevaluarte y calificarte en esta prueba.

Prueba n.° 3

	¿Cómo ha ido esta prueba de examen?	Tarea 1	Tarea 2 Opción: ....
Tiempo de cada tarea.			
Hasta 25 puntos	He seguido todas las pautas de las instrucciones.		
	Doy más información de la que me piden las instrucciones.		
	He escrito opiniones, valoraciones o motivos importantes.		
	No he cometido errores de gramática o de vocabulario importantes.*		
	He escrito un texto claro, ordenado y con frases bien relacionadas.		
Hasta 16 puntos	He seguido casi todos los puntos de las instrucciones.		
	Algunos puntos no están claros.		
	He escrito menos de la información que piden.		
	He cometido errores de gramática, de vocabulario y de ortografía importantes.*		
	Las ideas no están bien relacionadas.		
He tenido suficientes ideas para escribir.			
No he perdido tanto tiempo reescribiendo.			
Dificultad general de la tarea (de 1 a 5).			
Nivel de estrés de la prueba (alto/medio/medio bajo/bajo).		....	

*En la página 8 de ***Crono A2*** tienes un resumen de contenidos del nivel A2 para evaluar las pruebas 3 y 4.

Marca en esta línea qué **sensación de control** tienes de esta prueba.

Mínimo control 1☐ 2☐ 3☐ 4☐ 5☐ 6☐ 7☐ 8☐ 9☐ 10☐ **Máximo control**

¿Por qué has conseguido esos resultados? ¿Cómo puedes mejorar? Escribe tu comentario, en español o en tu lengua.

....

....

Gestión del examen: Prueba n.º 4

Control de progreso

Esta tabla te ayuda a autoevaluarte y calificarte en esta prueba.

Escucha tu presentación y tus respuestas y completa con ✕ la siguiente tabla.

Prueba n.º 4		¿Cómo ha ido esta prueba de examen?	Tarea 1 Opción:	Tarea 2 Opción:	Tarea 3
	Hasta 25 puntos	He hablado de todos los puntos de la tarea.			
		Doy un poco más de información de la que se pide.			
		Hago comentarios, valoraciones, doy opiniones, argumento.			
		No he cometido errores de gramática, de vocabulario o de pronunciación importantes.*			
		He hablado con frases claras y bien relacionadas.			
	Hasta 16 puntos	Doy menos de información de la que se pide.			
		Hago bastantes pausas. No relaciono las frases.			
		He cometido errores de gramática, de vocabulario o de pronunciación importantes.*			
		He cometido errores de gramática, de vocabulario y de ortografía importantes.*			
		No es fácil entender lo que quiero decir.			
	He seguido el esquema que he preparado.				
	He tenido suficientes ideas.				
	He podido improvisar cuando lo he necesitado.				
	Dificultad general de la tarea (de 1 a 5).				
	Nivel de estrés de la prueba (alto/medio/medio bajo/bajo).		....		

*En la página 8 de ***Crono A2*** tienes un resumen de contenidos del nivel A2 para evaluar las pruebas 3 y 4.

Marca en esta línea qué **sensación de control** tienes de esta prueba.

Mínimo control 1 ☐ 2 ☐ 3 ☐ 4 ☐ 5 ☐ 6 ☐ 7 ☐ 8 ☐ 9 ☐ 10 ☐ **Máximo control**

¿Por qué has conseguido esos resultados? ¿Cómo puedes mejorar? Escribe tu comentario, en español o en tu lengua.

....

....

....